激白新撰組

七たび斬られた男の実録

永倉新八

毎日ワンズ

【特別寄稿】新撰組の軌跡　永倉新八――原田伊織

私の幼年、少年時代は、新撰組といえば極悪非道の人殺し集団であった。

その頃の田舎の子供の遊びは、ボッカン・スイレン（母艦・水雷）、缶蹴り、メンコ、釘刺し、蛙釣り、野兎狩り、洞穴探検、川魚採り、蜂の巣退治、三角ベース等々、実に多種多彩であり、一部ワイルドでもあったが、何といっても主役はチャンバラであった。そのチャンバラの設定も、勤皇志士対新撰組という形が多かった。

ところが、困ったことにいつも近藤勇（いさみ）の役をやるものがいなくて、誰もが桂小五郎をはじめとする勤皇志士になりたがった。やむなくガキ大将の特権で、無理矢理近藤役を指名するというのが常であったのだ。

当時のエンターテインメントの中心は映画であったが、中でも時代劇『鞍馬天狗』が圧倒的な人気を誇っていた。いうまでもなく、鞍馬天狗は嵐寛寿郎、通称アラカンであり、鞍馬天狗は勤皇志士である。天狗は神出鬼没で、新撰組に追われる桂小五郎たちを助け、いつも新撰組をバッタバッタと見事に切り倒すのであった。

実はこの作品は、大佛（おさらぎ）次郎氏の時代小説を映画化したものであったが、映画と原作とのギャップが大きく、大佛氏とアラカンとの間でいろいろ確執があったことをずいぶん後になって知った。映画『鞍馬天狗』は、大正末期のトーキー時代に始まっているが、原作者との確執を抱えながらも延べ六十本近く製作され、そのうち四十本以上がアラカン主演のものであるというから、昭和二十～三十年代に幼少期を過ごした私どもにとっては、アラカンは鞍馬天狗そのものであったのだ。

この映画ほど薩長史観、つまり官軍教育に忠実であったものは、教育からエンターテインメントの世界までを包含して観察しても、他に比肩し得るものはないといっていいだろう。善悪は見事に色分けされており、新撰組は幕府側の悪逆非道な殺人鬼、桂小五郎たち長州を中心とする勤皇の志士こそ悪の巨魁に健気(けなげ)にも立ち向かう正義の士であり、いつも危機に陥る正義の士を助け、胸のすくような活躍で悪者新撰組を斬りまくるのがアラカンであった。つまり、アラカン演じる鞍馬天狗こそ、幕末動乱の正義のシンボルであったのだ。

いうまでもなく、鞍馬天狗は架空の存在であり、映画の背景としての史実は真逆である。しかし、私たちの受けた学校教育そのものが薩長史観で貫かれていた時代であり、まだ頭の柔らかい幼年期、少年期の私たちは、学校教育と矛盾しない鞍馬天狗の活躍に心を躍らせたものであった。

鞍馬天狗の引き立て役であった新撰組に焦点を当てると、その後、子母澤(しもざわ)寛氏、司馬遼太郎氏の著作に代表されるように、その実態に近づこうとする動きが現れた。そして、一九八〇年代になると、小劇団の世界で一時的な新撰組ブームが起こったが、これは土方歳三（としぞう）や沖田総司（そうじ）を美化して描くヒーローものといってもよく、主役が桂や久坂玄瑞から土方、沖田に置き換えられただけで、歴史観が修正されたものでも何でもなかったのである。

私が『明治維新という過ち　改訂増補版』（毎日ワンズ）を上梓（じょうし）させていただいたのは、ちょうど二年前であるが、お陰様で大きな反響をいただき、今なお版を重ねている。当然、激しい反論も頂戴しているが、激しくてもそれが健全な反論という範疇（はんちゅう）にある限り、大いに書き手を刺激するものであり、有難いものである。今危うくなりつつある「ものをいう自由」を大切にしていかなければならないと、痛感している。

ところが、中には明らかに〝脅迫状〟と位置づけていいものを頂戴することがある。これを反論とはいわないが、薩長史観が如何に根深く浸透しているか、その不幸を思わざるを得ない。

同書に寄せられた反響、問い合わせの中で特に目立ったのが、出版社によれば同書で紹介した新撰組永倉新八の証言に関するものであったという。

そこで、永倉が大正初期に「小樽新聞」の記者に語った回想談を中心にして、永倉の手記も併載して読者の便に供してはどうかということで本書は誕生した。

本書は二部構成となっている。

第一部の『新撰組永倉新八』は、彼が晩年を過ごした小樽において小樽新聞社会部記者加藤眠柳（みんりゅう）、吉島力の取材に応じ、幕末動乱の修羅場をくぐり抜けて生き残った者のみが知る生々しい死闘を語ったものであり、同紙に『永倉新八――昔は近藤勇の友達、今は小樽に楽隠居』のタイトルで連載された。

永倉は、連載を終えた僅か一年半後、大正四年一月に没した。満年齢でいえば七十五歳であった。

尊攘激派のテロが燃え盛った時期の回想談ということもあって、激しい斬り合いや生々しい殺し合いのシーンは記者の感情が入って講談調である。また、記者の筆遣いと思われるところもある。

例えば、永倉と侍三人の喧嘩の箇所では、負傷した永倉に土方歳三が、

「かるい身体ではござらぬ。自重さっしゃい」

と叱ったというが、永倉の手記にそのような記述はない。

永倉の子息杉村義太郎氏は、昭和二年、永倉の十三回忌に際して、永倉の回想談を私家本『新撰組永倉新八』として一冊にまとめた。これが現在の『新撰組顛末記』の原典である。

第二部の『七ヶ所手負場所顕（アラワ）ス』は、文字通り永倉自身の身体に残る七箇所の刀傷の由来を述べたもので、明治四十四年十二月の日付となっている。巻末に、孫たちが大きくなったら見せるようにと記されているところから、過激派浪士たちなどの敵と渡り合った己の若き日の熱情と武家としての誇りの一端を、幼い孫たちに伝えることを意図した手記であろう。

なお、この手記には、平成十年に発見された永倉の日誌『浪士文久報国記事』も資料として付され、読者の便に供している。

永倉の証言には、確かに記憶違いと思われる箇所や、小樽新聞掲載の回想談には記者が勝手に永倉の証言としたとしか思えない部分もある。これを以て、永倉証言すべてを過少に扱う学者や研究者がいることは事実である。

しかし、手記や日誌、回想談には、それが誰のものであれ記憶違いなどの間違いは付きものであろう。例えば、勝海舟の『氷川清話』などがその典型であることは周知の通りである。要は、史料・資料に対する接し方の問題である。

永倉は、浪士組として上洛し、清河八郎と袂を別ち京に残った新撰組草創期から幕末動乱の嵐の中を生き抜き、明治という時代も生き抜いて最新の時代まで生き切った上で、多くの当事者記録を残してくれた唯一の新撰組隊士である。新撰組の実態を知る上で、ひいては幕末動乱史の実相を理解する上で、これほど貴重な資料、存在はないであろう。

思えば新撰組とは、そもそもは「尽忠報国」を掲げた「尊皇攘夷派」の思想集団であった。薩長過激派浪士は、キャッチフレーズとしてではあるが、やはり「尊皇攘夷」を掲げた。旗印だけを見れば、京を中心舞台として激突した両者の戦いは〝同士討ち〟なのである。

京都守護職御預りとなった、こういう新撰組の思想の軸は、近藤の想いを掘り下げることによって理解できるものであり、この組織に身を投じた人間としての感情の発露は、土方の生き方にそのまま投影されているように思われる。そして、その行動の軌跡は、永倉が残してくれた記録によって、はじめて具(つぶさ)に描くことが可能になるのである。

平成二十八年十二月

原田伊織

激白新撰組——七たび斬られた男の実録【目次】

資料

【凡例】

本書は、大正二年三月から六月まで七十回にわたって「小樽新聞」（現「北海道新聞」）に連載された「永倉新八」及び「七ヶ所手負場所顕ス」（北海道博物館所蔵）を底本としたが、私家本『新撰組永倉新八』なども参照し、編集にあたっては以下の諸点について、表記・表現の変更あるいは統一をはかった。

一、「七ヶ所手負場所顕ス」は、原文をそのまま活字化したが、現代語訳においては原文の誤記や誤字は訂正した。

一、「新撰組永倉新八」では、人名・地名などの明らかな誤りは訂正し、必要と思われる語句には（　）で説明を施し、さらに漢字をかなに、あるいはかなを漢字にするなどして読者にとって読みやすいものとなるよう努めた。

一、「新撰組永倉新八」の章見出し、「七ヶ所手負場所顕ス」の見出し及び巻末の資料の見出しは原文になく、編集部で付した。

一、日付については旧暦・新暦の混用が見られるが原則として正さず、原文のままとした。

＊本書には現代では差別的ととられかねない表現をそのまま表記した箇所がありますが、当時の時代背景を踏まえたもので、差別を助長する意図は一切ないことをお断りいたします。

第一部　新撰組永倉新八

序章　青雲の志

昔は近藤勇の友達
今は小樽に楽隠居

年のころなら七十四か五、胸までたれた白髯(はくぜん)が際立って眼につき、広き額、やや下がった細い眼尻に小皺を寄せ、人の顔を仰ぐようにみては口のあたりに微笑をたたえて少しせき込み口調に唇を開く。みたところ圭角もなにも寄る年波とともに消されたかと思う隠居姿の杉村義衛(よしえ)翁、雪深い小樽の片ほとりに余命を空蝉(うつせみ)のように送っているが、さてどこやらに凛としたきかぬ気がほのみえて枯木のようなその両腕の節くれだった太さ、さすがに当年永倉新八といって幕末史のページに花を咲かせた面影が偲ばれる。

永倉新八とは誰あろう、文久元治(げんじ)の当年、薩長勤王の士に対し幕府方から京都守護の名のもとに浪人で組織された新徴組(しんちょうぐみ)、つづいて新撰組に近藤勇、土方歳三らとともにその人ありと知られた幕末の剣客の名。さしも当時京坂に驍名(ぎょうめい)を馳せた獰猛児(どうもうじ)、頑健黒鉄造(がんけんくろがねづく)りとみえた身も、老いては壮年時代の面影も薄れいく。

指をおればはや五十年のむかし、近藤勇幕下の新撰組が京の巡邏を承っていた当時、尊王攘夷の激論をかって幕府の忌諱(きい)にふれた長、土、肥の志士が京都を策源地として秘密の往来を重ね、元治元年六月五日の夜これらの志士数十人が鴨川べりの一旅亭池田亭に集まり、某日を期して火を禁裏（きんり）に放ち、その騒擾（そうじょう）に乗じて聖上の長州御動座を仰ぎ、かねて敵視している会津薩摩の胆（きも）をくじき、攘夷の本懐をとげようとする陰謀、このことはやくも新撰組の耳に入り、謀議その夜、近藤勇、義子近藤周平、沖田総司、永倉新八、藤堂平助らただの五人で踏み込み、蛮名天下にふるう近藤勇が一代の健闘悪戦と伝えらるる池田屋襲撃となったとき、壮年の永倉新八が腕におぼえの大刀（たち）をふるって必死の志士をその場に四人まで斬り倒し、身には微傷を負うたばかりとはいまも記録に残る。

この活劇は明治維新を二年ほど遅れさせ同時に幕府の余脈をそれだけ延べたと称されたが、これと同時に新撰組の名へ裏書を加えることとなり、短袴（たんこ）高下駄の隊員が肩で風を切って通ると泣く子も声をおさめたというありさま、永倉の名はこれから近藤、土方らとともにいや高く鬼神のようにおそれはばかられるにいたった。

時勢はようやく徳川幕府の非をしめし、伏見鳥羽の一戦から官軍の江戸包囲となり、箱館の砲戦おさまるまで勇名高かった新撰組が、あるときは解散となり、脱走となり、隊長斬首と息をつがせぬ破滅のうちに、永倉新八はその後どこにどんな活劇の跡を残したか、幕末史にないこれらの秘史は、これから時の永倉新八、のちの杉村義衛の長物語となって展開するのである。

十八歳には本目録

剣道の修行に脱藩

徳川栄華の夢なおこまやかに白馬に銀鞍をおき伊達小袖に細身の鞘、世をあげて太平をうたう天保十年四月十一日、江戸は下谷三味線堀なる福山（松前）藩主松前伊豆守屋敷の長屋で、のちの杉村義衛こと、永倉新八は雄々しき呱々の声をあげた。

父は永倉勘次ととなえ代々福山藩の江戸定府取次役として仕えた百五十石の家柄、ただ一人の男の子をもうけた夫婦は掌中の珠といつくしんだ。幼名を栄治と名づけ昨日の蝶は今日の花とかわり、這えば立て立てば歩めと父と母とが夜の目も合わさず育てあげ、ようやく長ずるとともに読み書きの術もかれこれと選びあたえたが、蛇は寸にして気を呑んでとかく荒っぽいことを好み、たまには親の眼にさえあまることがしばしばあった。

もとより武家に育った身の世は太平でこそあれ腰の大小伊達にはささぬ、腕白に長じた栄治は八歳ではやくも父に迫って剣術修行にこころざした。父はそのころ江戸に聞こえた神道無念流の達人岡田十松を師範に定め、愛児の武運永久に幸あれと祈った。

「栄治、そなたも武士の家に生まれたことであれば文武の二道にこころざす以上あっぱれ身を鍛えて家名をあげるようにいたせ」と慈愛のうちにも修行の心得を説き聞かせる。幼年ながら後年剣客として名を残したほどの栄治は、父のこのときの教訓を身にしみていそしみ、霜のあした、月のゆうべを壮年の荒武者に立ちまじわって励むほどに一年は一年と技が優れてくる。他人（ひと）の一倍に太刀筋のよかったせいもあろう、十五歳には切紙（きりかみ）を許され、十八歳には本目録を授けられ、数ある門弟中には屈指の腕達者となった。

師匠の岡田も会う人ごとに「永倉は拙者の高弟でござる」と鼻をうごめかしたという。十年の努力はかくて効果をあらわしてきた。義衛の栄治は十八歳で元服し名を新八とあらため前髪をおろして成人した。

当時松前藩では武術奨励として家中（かちゅう）の二男三男は必ず相当な塾につかわして修行せしめる習慣であったが、長男だけは家督相続で外へは出さなかった。しかし野心満々たる新八はもとより小成にやすんずることができぬ。昨日まで足駄（あしだ）を踏み鳴らし肩をならべて道場へ通った友達が続々と塾入りするをみて何条じっとしていられよう、十九歳の春ついに思いきって両親にも告げず藩邸を脱出してしまった。さりながら、もとよりなんらのお咎めをこうむった次第でもなく、剣道修行に熱心のあまり江戸府内の道場に住み込んだというだけのことなので、藩でも掟とはいいながら殊勝の段によってお構いなしとなり、あえて新八を追及しなかったから、血気のこの若武者は、師匠の岡田からかねて噂を聞いていた本所亀沢町に道場を開く百合元(ゆりもと)昇三という岡田とは同流の塾に入ることとなった。

しかしすでに本目録まで受けた身とて、師範代りとまではいかなくも新門人を揉んでやるとか、出稽古先をまわってみるなど、きわめて気楽な生活のうちに自分はせっせと腕を練るにつとめた。

腕だめしの武者修行

佐野宿の道場荒らし

藩邸を脱(ぬ)けて本所亀沢町の百合元塾へ住み込んだ新八は、文久元年から元治元年まであしかけ四年道場の塵(ちり)にまみれた。そして剣道はことごとく上達した。

さあそうなると自分の腕はどれだけ使えるものかためしたいので、二十五歳の春、同門の松前藩浪人市川宇八郎を語らい、隣国へ武者修行をこころみた。市川は身長六尺(百八十センチ）あまり腕力が強くて剣術のほか柔道も相応におさめ、角力などとろうものなら数ある同門衆も一人として敵わぬ。血気さかんな両人は天下の英雄は君と我のみと豪語し、のんき千万な旅の日を送った。そしてだんだんと日数を重ねて、ある日下野の佐野宿へたどり着いた。

　ここは堀田摂津守の陣屋のあるところ、宿場でこそあれ「さよう、しからば」の武士の折目正しく、商売もなかなかの繁盛、剣客では秋山要助というが道場を開いており、堀田の家臣でもかなりに使えるのがいる。しかるに堀田の家臣で大沢大助という、流儀はわからないがとにかく家中あまたの人々へ剣術を授けている男、永倉、市川の両人が江戸からきたと聞いて手合わせを申し込んできた。こっちはもとより望むところで委細承諾すると翌朝早々四人の門人が訪ねてきた。両人はかわるがわる竹刀をふるって立ち合い大沢の門人を苦もなく叩き伏せた。

　ほうほうのていで大沢の門人が帰っていく姿をみたのは、そのころ関東八州の博徒仲間に幅をきかしていた猿屋の親分、侠気で売り出した身のとかく堀田の家中と反りの合わないところから、これはおもしろいとまず永倉、市川の両人へていねいに渡りをつけて面識を求め、いろいろ饗応してから、

「両先生、今朝大沢の門弟四人まで打ちのめしたお手際はなかなかみあげたもんでしたね、どうでげす、今度はこっちから大沢の道場へ出かけて打合いをなすっては」とたきつける。

「アッハッハ、それもおもしろい、どれ出かけてみようかのう」と、両人は無造作に宿を出た。

大沢の道場ではいまや門弟たちが稽古の真っ最中、両人はたかをくくって他流試合を申し込むと、やがて道場へ通された。門人は今朝四名まで叩き倒してあるからいやおうなしに大沢自ら竹刀をさげて立ち出でて、まず永倉からとうながした。両人は会釈して立ちあがるや、大沢は上段にふりかぶり永倉は青眼に構える。

「エイ」「ヤッ」と呼吸が入るとみると、大沢の竹刀は眼にもとまらず石火と閃いて永倉の竹刀を払い「お流儀（自己流）でござる」といいざま横面をピシーリと打つ。尋常ならば眼でも眩むべきを、さすがは永倉、とっさのあいだに相手の竹刀が峰打ち（側面打ち、反則）であったのを看破し「お平（側面打ち）でござろう」と問い返すと、大沢は会釈して「これまで」とひっ込んだ。

武者窓から猿屋の乾児どもは「ワーッ」と冷笑の声をあげる。つづく市川に対しては剣術はめんどうなり組打ちでこいとひき組む。市川はもとより平気、柔道の奥の手をあらわして大沢を手玉にとった。大沢の道場はイヤもうさんざんなていたらく、よろこんだのは猿屋の連中で凱旋将軍でも迎えるような騒ぎで両人を招待してその夜を明かした。

江戸幕末の侠勇者近藤勇と交を結ぶ

隣国へ武者修行に出てさんざん暴れまわった永倉と市川は、その年の八月、ぶらりと江戸へ舞い戻った。永倉はあいかわらず本所の百合元塾にいるはずであったが、ふと牛込御留守居町に道場を開いておる御書院組の坪内主馬（しゆめ）という心形刀流（しんけいとうりゆう）の先生に見込まれて師範代りに招かれた。

坪内というのは当時随一の名があった伊庭（いば）軍平の門人で、牛込方面では五本の指に数えられ門弟はすこぶる多かった。永倉は気軽な性質（たち）とて朝から晩まで荒武者を相手に道場をにぎわし、時には稽古道具をひっかついで出稽古もやる。ひまひまには道場めぐりをやって有名な先生たちには必ず手合わせを申し込んだ。こうしているうちに永倉はゆくりなくも江戸幕末の侠骨近藤勇と知り合いになった。

これより先、時勢はだんだんかわってきて米艦の浦賀来訪のことあり、狼狽をきわめた徳川幕府は、はしなくも無能を暴露したので、天下の志士は攘夷倒幕と雲霞（うんか）のように活躍しはじめた。安政もすぎ万延から文久と年代が移れば人心なんとなく動揺し、いまにも騒動が起こりそうで万民その堵にやすんずることができない。しかしさすがに三百有余年間連綿として基礎を築いてきた幕府の根城は容易に崩れぬ。一呼すれば譜代の大小名鉄騎をかって千代田城下に参ずべく、八万の旗本剣を按じてことあれかしと鷹の爪を磨く。江戸府内の浪士も風雲を望んで公儀御用とあればいつでも馳せ参ずる。これまで声をひそめていた京都は、ようやく薩、長、土、肥の志士が陰謀の策源地となって暗々裡に機運をうみ、はるかに江戸に対峙すれば民心おのずから二つに分かれ、天下はここに二大集権の観をていするにいたった。

　さるほどに江戸は小石川小日向柳町坂上に道場を開く近藤勇は、あまたある剣客のなかで押しも押されもせず、朝から五、六十人の門弟が出つ入りつ遠近に竹刀の音を絶たない。塾頭は沖田総司という人で後年に名を残した剣道の達人、その他山南敬助、土方歳三、原田左之助、藤堂平助、井上源三郎など鉄中のそうそうたる連中が豪傑面をならべてがんばり、武骨がすぎて殺気みなぎるばかり。永倉新八は最初ほんの剣術修行のつもりで近藤塾へ足を運んだが、日を経るとともに近藤の身辺からほとばしる義気が永倉のそれと合し、果ては沖田、土方、山南その他の豪傑連とともにいつしか親密のまじわりを結ぶ仲となった。

永倉はこうして近藤の塾へくると門人あつかいからいまは客分にすえられ、稽古をしまうと必ず酒を飲みかわすをつねとし、

「おのおの、みても癪にさわるのは鳶鼻の毛唐人だが、おりをみて暗殺しようじゃないか」

などと激烈な攘夷論に話の花を咲かせる。

村一番のガキ大将

十五歳にて代稽古

永倉新八が近藤勇とあい識るにいたったついでをもって勇が生い立ちを記してみたい。勇の父は宮川久次郎といって武州調布町字石原の窪村に、いわゆる将軍直轄の大百姓をもって誇った一人である。いったいこの多摩の地は豆州韮山の代官江川太郎左衛門の支配地であっただけに村民は鋤鍬を手にしてこそおれ、一朝ことあるときは将軍家の御馬前に馳せ参じようという気風にみち、尚武の気象が助長されて剣術はむかしからすたれない。

久次郎はもと平凡な農家に生まれたが幼年のころから利発であった。読書も進んで、家業を手伝うようになってからはおおいに出精し、理財の道にもかしこく、村では屈指の身

代をつくりあげた。壮年になって近村からおえいという嫁を迎え家計が豊かになるとともに剣術にこころざした。久次郎に三男一女あり、長男は高五郎、次男は久米次郎、三男は勝太といってのちの近藤勇、長女おりせと高五郎は夭死した。

勝太の生まれたのは天保五年十月九日で父久次郎がすでに分限者になり村の口利きとして重んぜられた時代である。宅地内には道場があり寺子屋式の稽古所もあったから、勝太は幼いころから竹刀の音と読書の声になれ、少し大きくなってはかわいい面小手をつけておもちゃの竹刀をもち武芸に親しんだ。また父の久次郎は大の軍書好きであったので、勝太は父の膝にだかれて秋の夜長の炉辺に唐土の韓信、張良、関羽、張飛からわが朝の九郎判官、楠木正成、さては加藤清正などの武功談を聞くを楽しみとした。なかにも関羽の誠忠壮烈は勝太の子供心をひどく刺激し、「父さん、関羽はまだ生きているの」と聞くのをつねとした。

こうした少年の勝太は次第に鋒鋩をあらわしてきて腕節も強く、五、六歳の年嵩のものと喧嘩しても泣かせる。村の子供からおそれられるとともに、わがままが増長してついに村一番のガキ大将となった。

そのころ、父久次郎は自宅の道場へ、江戸牛込二十騎町に町道場を開いている天然理心流の達人近藤周助を月三回ずつ呼んで若いものに稽古をたのんだ。勝太も兄久米次郎と師の手ほどきを受けたが、好きな道とて熱心に稽古に励んだのでみるみる上達し、十五歳のときにははやくも師匠の代稽古をするほどの腕となった。ことに勝太は骨格が大きく眼が光り、十五歳の少年とは受けとれず、武術が精妙なので田舎剣客などは手の立つものがなかった。父久次郎は大満足で、近村に招かれていくときには必ず勝太を連れていき、いたるところで仕合をやらせる。果ては勝太自身もようやく自分の技量をこころみんと近郷（きんごう）をまわり歩く。かくして近藤周助門下の麒麟児勝太の名は近在にあまねく知れ渡った。

知あり勇ある態度見込まれて養嗣子に

嘉永二年、勝太の勇が十六歳のときである。ある夜、数人の強盗が父久次郎の留守を狙って押し入った。兄久米次郎は日ごろの手並みをしめすはこのときと一刀の鞘を払って飛び出そうとするのを勝太がさえぎって、

「賊は入ったばかりのときは気が立っているものでござろう。いまかかっては敗けぬまでも骨がおれる。彼らは立ち去るときになるとはやく逃げようの気が先立ち、心が留守になっ

ているから、その虚に乗ずるこそ剣道の秘訣である」とささやいた。兄は弟の言葉に、げにもと、はやる心を抑えてその機会を待った。賊どもは片陰にこんな二人の少年がうかがっているとも知らず家人を縛ってめぼしいものをひとまとめにひきつつみ、ゆうゆうとして引き揚げようとする。時分はよしと勝太は兄とともに一刀をさげて飛んで出て、

「待てッ」と大喝一声、最後に立ち去った一人の賊に斬りつけた。

不意の一撃に賊は胆をくじき、帰り戦わん勇気もなく、背にしたものを投げ捨てて一目散に逃げ出すを兄弟は追いかけて二、三人に手を負わした。久米次郎はおもしろ半分、なおも追わんとするを勝太はひきとめ、

「窮鼠(きゅうそ)かえって猫を噛むとはこのこと、いいかげんに追い捨てて引き揚げるが上策でござる」といって、賊の捨てたものをとりおさめて家に帰った。

このことが世間に伝わって大評判となり口をきわめて賞讃し、ことに勝太が知あり勇ある沈着な態度は師の近藤周助をことごとく感動せしめた。「わが近藤四代の嗣子として天然理心流を継がしむるもの勝太をおいてほかにあるべからず」とここにあらためて父久次郎に懇請するところあったので、父も一時その愛子をよそへ出すのはおしいとは思いつつも近藤の切なる請いをいなみがたく、ついに承諾の意をあらわした。勝太はもとより望む

ところとよろこび、養子の話はとどこおりなく運ばれてその翌年、勝太十七歳にして近藤家の養嗣子となり元服して名も勇とあらためた。

近藤勇となってからは父周助から熱心なる教授を受け、ついに免許皆伝の印可を受けた。道場はますます繁盛して勇はやくも二十五歳の壮年となったとき、武名は江戸府内にいや高く、このころから土方歳三、沖田総司、永倉新八などの壮士とまじわりを重ねた。

ある日のことである。永倉の発起で徳川家御指南番たる本所の大道場男谷下総守（しもうさのかみ）へ試合を申し込んだ。近藤の名は町道場でこそあれ技量非凡と聞きおよんだ下総守は相当の礼をもって彼らを迎え、数十人の門弟がものものしく居流れて四人を定めの席に招じた。

近藤は男谷の師範代たる本梅縫之助（ほんめぬいのすけ）と立ち合ったが、一呼吸して縫之助は、おうと一声真っ向から斬りおろすとみせて得意の竹刀払いをやった。不意を打たれて勇の竹刀は空（くう）に飛ぶ。しかし胆気に勝つ勇はとっさに二、三歩飛びさがり、双腕をいからし、かがみ腰に体を構えて寸分の隙をみせない。縫之助はこのとき、「お手並、みえてござる」と一礼してさがった。のちに下総守は「死中に活を求むるは剣の極意である。こんにち勇の振舞いはそれじゃ」と門人に教えた。このときにはほかの四人もまたそれぞれに腕をためして引き揚げた。

第二章　幕末の風雲児

俊傑清河八郎のこと

攘夷論と永倉新八

かかるあいだに江戸府内に居住する浪士の面々、いずれも時勢の急なるを知り、ことあらばと腕を扼(やく)して機会を待っている。ここに羽(う)藩（庄内藩）の俊傑清河八郎というものがあった。

八郎はつとに勤王倒幕のこころざしをいだいて藩論を定むるに尽力したが、反対派のあるものと意見の衝突から決闘し、ついにこれを斬り捨てて藩を脱した。八郎はそれから京都に出て勤王の諸志士とまじわりを結び東西に奔走する身となった。そのあいだ八郎は攘夷討幕の大義を明らかにするには自ら犠牲となって義軍をあげねばならぬという持論のもとに、公卿中山家の家臣田中河内介と密議をこらし、自ら九州に入って真木和泉、平野次郎らを遊説し、さらに肥後、薩摩、長州、土佐の各藩有志を糾合し島津和泉（忠剛(ただたけ)、篤姫の実父）を主将に推して兵をあげようとした。

その準備としてまず幕府の障屏(しょうへい)たる酒井京都所司代、九条関白をのぞき倒幕軍を起こそうとはかったことが発覚して有志はみな捕縛された。八郎はたくみに踪跡(そうせき)をくらまして水戸、仙台のあいだに潜伏し、第二の時節到来を待った。こんなありさまで八郎は縦横の機略を有し学識も相応にあったが、一度失敗して跡を韜晦してからふたたび世に出るには、なにか道をつけねばならぬ、その手段に腐心したがついに一策を案じ、文久二年十一月、時の政事総裁として権威高き越前侯松平春嶽に『急務三策』なるものを建言した。「一に攘夷、二に大赦、三に天下の英才を教育する」というのがこの三策である。しかるにこの建言が策に渇していた幕府の容るるところとなって、春嶽侯を通じて八郎に志士人選の内命があった。八郎はもとより尊王倒幕の志士である。それだのに幕府の利益になるような建策をしたのははなはだ矛盾したように聞こえるも、ここが八郎の遠謀のあるところで、触刑（前科）の日陰者たる自分が大赦にあって公然世に出たいのと、幕府に志士を募らしめてそれをわが用に供しようという一挙両得の計策にほかならぬのである。

幕末の動乱に乗じた清河八郎、新撰組生みの親とも称される

　幕府は八郎の真意を看破することができず、まず大赦令を発して志士にして刑にふれているものの罪を許し、同時に尽忠報国の名をかかげて、広く義勇の士を募った。このこと愛国の士をもって自ら任じ、居常攘夷論を口にする永倉新八の耳に入って、一日例の通り近藤勇の塾で

近藤をはじめ沖田総司、山南敬助、土方歳三、原田左之助、藤堂平助、井上源三郎らに向かって、

「おのおのがた、われらほのかに聞くに、この際公儀において広く天下の志士を募り、攘夷の手段を尽くすとのことである。もし事実であるなら進んでわれらも一味となり日ごろの鬱憤を晴らそうではござらぬか」とはかった。列座は一も二もなくこれに雷同した。

浪士隊京都へ向かう

尽忠報国の士芹沢

永倉が主唱して攘夷党に加わろうということに一決したので、近藤勇以下の壮士連は種々相談のうえ、兵を募っている松平上総介（かずさのすけ）を訪ねてみて真相を聞こうというので、一日打ち揃って牛込二合半坂なる上総介の邸へいった。

上総介は当時上下（しょうか）に信望のあつい器量人で浪人などからも一種の崇拝をもって迎えられていた。近藤、土方、永倉など七、八名のものが訪ねてきたと聞いてただちに客間へ通した。

やがて上総介は尊王攘夷の本旨からこのたび公儀で募る浪士の一隊は、来春上洛すべき将

軍家茂(いえもち)の警護として京都へ進めらるべきものであることまで諄々(じゅんじゅん)として説き聞かせる。もとより血気の一同はやくも肉を躍らし、即座に一味にあい加わり忠勤をぬきんずるでござろうと誓った。上総介の満足は非常なもので、一同をあつく饗応し再会を約して別れた。

ことを好んで血を沸かす面々はもう大よろこびで、よるとさわると大言壮語に日を送る。その年も明けて文久三年二月八日、募りに応じた浪士の総集会が小石川伝通院に開かれた。当日集まるもの二百三十五名、近藤以下永倉らは待ちかねたほどの熱心で出席してみると、清河八郎がこれら浪士の巨魁であり、予期した松平上総介がきていない。ふしぎと思って山岡鉄太郎に聞くと、上総介殿は遠謀あって浪士取扱いを辞されたとある。集会の相談は要するに京都へ出発の打ち合わせでその心得などを聞かされて散会した。

その月十三日、いよいよ将軍家上洛に先立って浪士隊は中仙道を京都へのぼることとなった。なにぶんにもさわると火の出そうな気早の浪士ばかりを集めたこととて幕府の役人も取り締まりに骨をおり、まず浪士掛りとして御老中の板倉周防守（勝静(かつきよ)）をあげ、浪士取扱いに鵜殿鳩翁(うどのきゅうおう)、中条金之助、高橋伊勢守、御目付には杉浦正一郎、池田修理、浪士取締には山岡鉄太郎、窪田次郎右衛門、松岡万(よろず)、浪士取締下役には佐々木只三郎、速見又四郎、高久安次郎など、旗本や有名な剣客をもって監督することにした。

右のうち高橋伊勢守と山岡鉄太郎は義兄弟で、泥舟（でいしゅう）、鉄舟で有名な剣豪、下役の佐々木只三郎はのちに坂本龍馬を斬った男で小太刀の名人として当時独歩の称があったなど、この連中を取扱うに幕府でいかに苦心したかがうかがわれる。

秘謀をいだく清河八郎は二百三十余名の浪士を一番組から五番組まで五組に分け、しかるべき人物をみたてて組頭を定め江戸を発足（はっそく）することとした。

近藤勇は池田徳太郎とともに一行の宿割役を承って出発する。その夜は本庄宿（じゅく）に泊まることとなったが、一行が来着すると三番組の組頭たる芹沢鴨の宿（やど）がもれている。芹沢は一徹短慮の男で平素「尽忠報国の士芹沢鴨」と刻書した三百匁（もんめ）の大鉄扇を離さず、粗暴の挙動ある有名な壮士。さァ宿がないというので大立腹で、急に三番組の隊員を集め野陣を張るといい渡し、「大かがり火をたくから驚くな」と宿中（しゅくじゅう）にふれ出した。

本庄宿の大かがり

豪傑連のわがまま気まま

まもなく本庄宿の夜は天を焦がさんばかりの大かがり火に照らされ、ものすごいような光景となった。芹沢は怒気をふくんで結束のまま床几（しょうぎ）に腰をかけ、にがりきっているところへ近藤と池田が飛んできて、

「芹沢先生、まことにわれら両人の手落ちでお宿のもれたる段、平にお詫び申す。すぐさましかるべきところへご案内申すによって、かがり火だけはおとり消しに願いたい」と申し込んだ。

そこへ宿役人がなんの理由あって大かがり火などをたくか、早々とり消せと威丈高になって怒鳴る。それがまた芹沢のかんしゃくにさわってやにわに例の鉄扇をふりあげ宿役人を殴り飛ばした。役人はその場に卒倒したが芹沢は平気な顔をして見向きもしない。とかくするあいだに近藤らは芹沢の宿を決めて案内するのでいってみると、三番組云々という札がたっている。芹沢はこれをみるとものをもいわずその札を削って一番組と書きなおして座敷へ通った。

この傍若無人の仕打ちに取締方から、どういう次第かと問い合わせると芹沢は、

「不肖ながら芹沢は公儀御役に仕えるについては決して人後に落ちず、必ず一番がかりを覚悟してござる。拙者をなにとぞ一番組の組頭にしていただきたい」といいうんできかない。ついにむりやりに一番組の組頭になってしまった。これが上京途中最初のごたごたである。

こんなありさまで道中を進め加納宿に入ると山岡鉄太郎は芹沢を呼んで、自分は辞職のうえ江戸に帰るといい出した。さすがに無法の彼もこれには少なからず驚いた。そして、「これはまた意外のご心中、なにか拙者のわがままについてさようのことにいたさるるのか」と聞くと山岡は、

「いかにもさようでござる」と答えた。

そこで芹沢は考えた。これはご勝手になどと山岡を江戸へ帰すと役目の落ち度というので必ず切腹して果てるにちがいない。国家多事のこんにち、山岡のような名士を失うは私事でないと気がついたので芹沢も閉口してしまい、

「それなら拙者は組頭をやめてなにごとも申さず上洛するによって、なにとぞ貴殿の江戸帰還は思いとどまられたい」と山岡をなだめた。そこで三番組は近藤勇とともに加わった山南敬助が組頭となり、芹沢は鵜殿鳩翁の駕籠あとから遊軍という名でしたがった。

草津宿に着くと浪士のなかから目付役に選ばれた村上俊五郎というが、三番組の山南に向かい、

「貴公の組は乱暴をしてはなはだ迷惑いたす。取り締まらっしゃい」と注意する。すると山南は「なにが乱暴だ。拙者をはずかしめんとて、さようのことを申すのだな」と烈火の

ごとく怒り出した。こうしてまたまた一悶着が起こりそうなので鵜殿と山岡が「まァまァ」と仲裁し、「両人とも京都までなんにもいわずにいってくれ」と抑え、火の玉のような山南をば「京都へ着いて三日以内に必ず村上の処置をする」とすかし、道中を急いでようやくことなく十日目というに入洛した。着するとともに一行を壬生村の郷士八木源之丞、南部亀次郎、前川荘治ならびに新徳寺の四カ所へ分宿せしめ、ひとまず組をといて道中の疲労を休めることとなった。

御所南門前に拝礼
浪士団から建白書

おそろしい権幕の浪士隊は京都へ着くと壬生村に分宿したが、前川荘治の邸宅には鵜殿鳩翁、山岡鉄太郎、佐々木只三郎など幕府の役人が泊まり、新徳寺には清河八郎、池田徳太郎、村上俊五郎、村上久之丞、清河の弟斎藤熊三郎ら、八木源之丞の邸宅には芹沢鴨、山南敬助、井上源三郎、近藤勇、新見錦、土方歳三、沖田総司、永倉新八、藤堂平助、原田左之助、野口健司、平山五郎、平間重助の十三人が泊まった。清河八郎と芹沢鴨以下が期せずして軒(のき)を異(い)にしたのはなにかの暗示であったとはのちにぞ思い知られた。

その他の面々もそれぞれ落ち着く場所ができ、翌日は一同打ち揃って御所南門前にいたり、よそながら拝礼をとげる。三日目になると道中で鵜殿と山岡のあずかっている村上俊五郎の処分となり、山岡自ら村上に大小刀をとらせて山南の前に連れきたり、

「さて山南氏(うじ)、このたびの事件について村上はこの通り謝罪(あやま)っているからさし許されたいものだが、いかがでござろう」とおれて出た。すると山南は、

「いや山岡氏がさように申されるなら、われらも了見いたすでござろう」と笑顔をみせたので一同から懸念された事件もなにごともなく解決したのであった。

文久三年二月二十八日秘謀をめぐらしてここまでこぎつけた勤王の志士清河八郎はついに江戸から上京した浪士一同の名で御所へ建白書をたてまつった。全文（長文のためここでは永倉の『浪士文久報国記事』に書かれた要旨を引用）は左のごとくすなわち純然たる勤王倒幕の建白書であった。


今般、幕府御世話ニテ上京仕候得共、禄位等ハ更ニ受不申、只々尊攘之大義ヲ奉期候。万一皇命ヲ妨ケ、私意ヲ企テ候輩於有之ハ、譬有司ノ人タリトモ、聊無用捨建責、此度一

統之決心。

（今般、幕府の御世話にて上洛をいたしましたが、私どもは俸禄や官位を受けるつもりはなく、ただただ尊王攘夷の大義を期す覚悟です。万一、帝（みかど）の御意志を妨げ、私意を企てる輩があるときは、たとえ上士であろうとも、いささかの容赦もなく譴責（けんせき）いたすことを私どもは決心いたしております。）

板倉周防ににらまれ

清河刺客につけらる

雲きりをしなとの風に払はせて
　たかまの原の月のきよけさ

これは清河八郎が浪士一同の名をもってたてまつった建白書がかしこくも孝明天皇の叡聞（えいぶん）に達し、浪士らに賜った御製（穢れを払うという風のおかげで雲霧が吹き去ったので高天原の月が美しいことよ、という意）である。

勤王倒幕の志士清河八郎はあっぱれ上洛の目的の一端をこの建白書によって達したのであるが、はからずもこの建白書が浪士掛りたる板倉周防守の眼にとまり、かれ清河八郎さては容易ならぬ陰謀を企ておったなと感づかれてしまった。看破されたが百年目、清河は周防守ににらまれるとともに、昨日は浪士隊の巨魁と許された身が今日は刺客につけられることとなった。

文久三年三月、将軍家茂は上洛して二条の城に入った。これと前後して島津、毛利、山内の大藩から小藩の諸侯陸続として入洛する。それに扈従(こじゅう)する諸藩の勇士浪士は京都に集まってゆく、雲の気配なんとなく尋常でない。おりから咲き誇る桜は京の春をいろどりながら今年ばかりは殺風景、祇園の町に国訛りの吟声が甲(かん)走れば円山の花には禁物の長刀がのさばった。

かねてかくあるべしと江戸で募られた浪士の一隊、このときこそ将軍家警護の責を尽くさねばならぬと力んでいる。これより先文久二年、島津三郎久光が江戸からの帰途、武州鶴見河畔の生麦で行列をさえぎった英人二名を無礼打ちしたためいわゆる生麦事件が起こったので、幕府の外国奉行は英国の強硬な談判をもてあましていた。島津をひき渡すか、償金を出すか、それとも軍艦を差し向けようか、とのっぴきならぬおりから上洛中の家茂将軍の決裁をうるとて早馬が織るよう。これを聞いた清河八郎、時期こそきたれこの機会をもって江戸に帰ってことをあげようとはかった。

将軍不在の虚に乗ずるのが八郎の目算である。英国が無体の要求をやっているこんにち帰京の名目はいくらでも立つ。ついに壬生村の浪士一同に時を期して集会するようにふれ出した。すると芹沢鴨がそれを聞いて同宿の十二名を呼び、

「おのおの、清河がこのたび江戸へ帰ると申すが、われら京の花を見にはまいり申さぬ。尽忠報国攘夷の目的を貫徹せぬにこのまま東下するとはいかんのこと。拙者これには不同意でござる」

みなまでいわせず一同も口を揃えて「もちろん江戸へ帰ることは不承知でござる」と清河説反対がたちどころに成立した。

そこで十三名は清河八郎のもとへ出かけて一応江戸に帰る理由を聞くことにした。八郎は、

「お聞きおよびもござろうがこのたび例の生麦事件で英国は強硬な談判をはじめ、次第によっては軍艦を差し向けるとまで脅迫いたしている。われらもとより夷狄を払う急先鋒にと存ずるにより、まず横浜にまいって鎖国の実をあげ、攘夷の先駆をいたさん所存でござ

る」と語ると芹沢はもってのほかという顔をして、

「これは清河氏のお言葉とも存ぜぬ。われら承るに、いまだ天朝より御沙汰なきのみか、将軍家にも東下がない。先駆とは申せ、そのうえにても決しておそくはござるまい。それともしいて江戸へ発たれるにおいては、われら同志十三名だけは京に残り申す」とキッパリことわった。

会津侯の内命くだり
浪士清河を狙う

芹沢鴨以下十三名の同志に江戸帰還を反対された清河八郎は怒り心頭に発し、「お勝手に召されい」とばかり、畳を蹴って席を立った。十三名はその足で鵜殿鳩翁を訪ね委細を話すと鵜殿も芹沢らの意見にしごく同意し、「その次第は拙者から会津侯へ伝達するであろう」ということとなり、会津侯すなわち松平肥後守（容保（かたもり））は「この十三名は当藩であずかる」と芹沢らをあずかることになった。そこで八木の邸宅の前へ「壬生村浪士屯所」と大きな看板をかかげ十三名はここに独立した。同時に清河八郎暗殺の内命は会津侯から芹沢以下に伝えられたのである。もちろん八郎が陰謀の次第も判明したので血に渇えた十三名はしきりに新徳寺を狙うけれども、清河の同志もうすうす感づいて警衛するので隼のように剽悍な芹沢らも手のくだしようがなかった。

ある日八郎が山岡鉄太郎とただ二人、当時土州侯の旅館にあてられた仏光寺へ出かけることが芹沢の耳に入った。そこで好機逸すべからずというので十三名は二手に分かれ、芹沢は新見、山南、平山、藤堂、野口、平間の六人とともに四条通り堀川に、近藤は土方、沖田、永倉、井上、原田の五人を同行して仏光寺通り堀川にいずれも帰途を擁して目的を果たそうと待ち伏せる。永倉の組ではもし待ち伏せしているところへ清河らが通りかかったら永倉がまず飛び出して山岡を後方へひき倒し、「お手向かいはいたさぬ、暫時ご容赦！」というを合図に、近藤ら五名は清河を斬って捨てるという手順であった。

夜はふけて人通りもまれに水を打ったような京の巷、清河、山岡の両人はなにごころなく四条の堀川を通りかかった、とみた芹沢は刀の柄の目貫をしめし足音をしのばせて清河のうしろから抜打ちにしようと鯉口まで切ったが、ふと山岡の懐中に御朱印のあることに気がついてハッと身を退いた。

御朱印というのは将軍家から山岡と松岡万にあたえられた『道中どこにても兵を募るこ

と苦しからず』とあるもので、山岡は江戸発足の当時から天鵞絨（ビロード）の嚢（ふくろ）に入れ肌身離さずもっている。御朱印に剣をかざすは将軍家に敵対すると同じ意味に当時の武士は考えていたものだ。これがため芹沢はついに剣を抜かずにしまったので清河はあぶない命をまっとうした。また近藤や永倉らがいまかいまかと待っていた仏光寺通りへは清河が通りかからなかったのでこれも無事にすむ。会津侯はますます清河を暗殺せよと焦慮するのであった。

文久三年三月二十三日清河八郎は同志をうながしてついに江戸へ発足することとなった。このときまで京都に残るはずであった佐々木只三郎は会津侯の内命で速見又四郎、高久安次郎の両人とともに清河らの一隊に加わり江戸に向かった。途中隙あらばと狙ったが警衛が厳重なので手が出せない。とかくして江戸へ着いてしまったが、その後の八郎はまず浅草蔵前の豪商をおびやかして莫大の金を集めた。彼は軍用金調達のうえ横浜を鎖港し、小田原の大久保加賀守を襲ってその居城を奪い、京都に潜伏する薩、土、肥の志士と呼応して徳川幕府を転覆せんと企てたのである。

おぼろ月夜の惨劇

勤王倒幕の志士の武運ここに尽きて無残や刺客の手に倒れるときがきた。将軍上洛して江戸は火の消えたよう、春はむなしく暮れて月おぼろなる四月十三日、八郎は同志の一人羽州上山(かみのやま)の藩士金子与三郎がもとを訪問して義挙の密談にふけった。そして夕刻から酒となり大杯をあおってつねになく酔い、酔歩蹣跚(まんさん)として帰途についた。

影の形にそうようにつけまわす佐々木只三郎この絶好の機会をいかで逃すべき、芝山内(さんない)にほど近い赤羽橋にひそんでいまや遅しと待ち伏せるとは知らず、清河は月影を踏んで春の夜風に鬢髪(びんぱつ)を吹かせながら赤羽橋にかかると、かねて見覚えのある佐々木の若党がツカツカと出てきた。そして、

「これはこれは清河先生だいぶんのご機嫌でございます。いずれからのお越しで」

「オオ誰かと思ったら佐々木氏のご家来か、イヤなに友人のもとを……」といいかける刹那、電光一閃(いっせん)、うしろから肩先深く斬りつけられ声をもあげず仰向けに倒れた。

人やみると月影をすかした佐々木只三郎、清河の首級をあげようとしたが、このとき絶えたと思った行人(ゆくひと)の声があたりに聞こえたのでみられてはめんどうとそのまま姿を隠してしまった。翌朝未明、佐々木、速見、高久の三名は酒井左衛門尉(さえもんのじょう)の手勢を借り、本所小笠原の邸内を襲って清河の残党村上久之丞、村上俊五郎、石阪宗順ほか五名を苦もなく召し

捕った。清河一味の陰謀を知らずそのときまで同志と名乗った二百余名の浪人はそのまま酒井左衛門尉にあずけられ、のちに新徴組と名づけられた。この事件のため山岡鉄太郎、松岡万の両人は役目の落ち度とあって咎められて蟄居申しつけられ、十五代将軍の慶喜(よしのぶ)大政奉還のころまで門を閉じ世と絶ったのである。

第三章　壬生のツワモノ

壬生浪士と新撰組

清河八郎倒れて秘謀は未然に消滅し、舞台は京都に残った壬生浪士のほうへかわる。芹沢派の十三名は会津侯のあずかりとなってからは急に羽振りよく、無禄でこそあれ諸侯へも自由に出入りして肩で風切る勢い。まもなく会津侯から壬生浪人は人数不足であるから同志を募り一隊を組織せよとの命を受けた。会津侯はこのとき京都守護職をつとめていたのである。

京都大坂にふれて集めたもの百名あまり、中堅はもとより江戸からこころざしを同じゅうした十三人で、新しい面々はいわば烏合(うごう)の勢(せい)、これを統率するにはなにか憲法があらねばならぬ。そこで芹沢は近藤、新見の二人とともに禁令を定めた。それは第一士道をそむくこと、第二局を脱すること、第三勝手に金策をいたすこと、第四勝手に訴訟をとりあつかうこと、この四カ条をそむくときは切腹を申しつくること、またこの宣告は同志の面前で申し渡すというのであった。

局とはこの一隊を指すので、局長は芹沢鴨、新見錦、近藤勇の三人、副長は山南敬助、土方歳三の二人、助勤は沖田総司、永倉新八、原田左之助、藤堂平助、井上源三郎、平山五郎、野口健司、平間重助、斎藤一（はじめ）、尾形俊太郎、山崎丞（すすむ）、谷三十郎、松原忠司、安藤早太郎の十四人、調役（しらべやく）には島田魁（かい）、川島勝司、林信太郎の三人、勘定方は岸島芳太郎、尾関弥平、河合耆三郎（きさぶろう）、酒井兵庫の四人と決まり、立派な浪士隊なってこれを新撰組と命名した。

新撰組の夏の仕度

鴻池で二百両調達

文久三年京の春はもの騒がしく暮れてはやくも卯月となった。一日新撰組の芹沢が新見、近藤の両人に向かって、「もはや端午も近づくというのに同志はなお綿入れを着している。なんとか工夫して夏物とかえねばなるまい」と相談した。両人ももっともとは思ったが、さて先立つものは金。鬼をもひしぐ豪傑連もこれにはハタと当惑した。

三人の知恵はトド大坂随一の富豪鴻池へおもむき入用の金子（きんす）を借用してととのえようということになった。さっそく芹沢、山南、永倉、原田、井上、平山、野口、平間の八人が大坂へくだり八軒家の京屋忠兵衛方へ投宿する。あくる朝八人は打ち揃って鴻池の玄関を訪（と）うと小僧が出てきて「おいでやす」と式台にかしこまった。芹沢は八人の手札を渡し、

「拙者どもは会津侯おあずかりの京都壬生浪士である。主人と面会いたしたい用件があってまかりこした」

小僧はそのまま奥へひっ込んだと思うとまもなく支配人だという男が出て、

「さようなればこちらへ」と八人を玄関脇へ招ずる。芹沢はムッとして、

「浪人とみて玄関脇へ案内するとはいかがの次第。不都合千万でござろう」といきまくと、支配人は低頭平身して無礼を詫び、さらに客間に案内して煙草盆と茶などをすすめて、

「主人はあいにく他出中でござりまするので、ご用向きは私へお聞かせくださるように願います」

「いや主人不在とあれば其方でもよろしい。こんにち出向いたるは余の儀にあらず。金子二百両用達ってもらいたい。返済は今月末に必ずいたすであろう」

「ああ、さようの儀でございまするか」と支配人は小首を傾け、

「なにぶん主人不在でござりまするで、てまえ一存ではとりあつかいかねまするが暫時お待ちを、ただいま同役と相談いたしましたうえでご返事をつかまつります」と煙草入れを腰にさして立ち去った。そしてしばらくするとふたたび揉み手をしながら出てきて、

「ええ、同役とも相談いたしましてござりまするが、なにぶんにも主人が留守のことでも

あり御意をとりはからいかねまするで」と懐中から小判五両の包紙をうやうやしく差し出し、

「失礼ながら」とほとんど強請にきたものでもあつかうようないいぶん。芹沢は眼をいからして、

「かような金子がほしくてわざわざまいりはいたさぬ、無礼千万ッ」とやにわに小判の包みをつかんで支配人の丁髷頭へ叩きつけた。驚いたのは支配人で、胆をつぶして町奉行所へかけ込み、

「壬生の浪士がまいってしかじかの乱暴をいたします」と訴えて出た。すると町奉行は、

「壬生浪士とあれば会津肥後守のおあずかり。ていねいにとりあつかえ」と意外の沙汰、それは捨ておけぬと鴻池善右衛門自身で芹沢らに面会し、だんだんの無礼を陳謝したうえ、

「ご用命の金子二百両はいかにもご用達申します」と即座に差し出した。一同もおおきに満足して京都へひき返し、まもなく松原通り大丸呉服店へ麻の羽織、紋付の単衣、小倉の袴などをことごとく新調におよび一同へ手渡して更衣することができた。

新撰組の洋式調練

芹沢鴨と綱引人夫

大坂の鴻池から金子二百両を借り入れて服装をかえた新撰組の浪士、なかにも羽織だけは公向に着用するというので、浅黄地(あさきじ)の袖へ忠臣蔵の義士が討入りに着用した装束みたようにだんだら染を染め抜いた。ところで、ある日会津家から芹沢にきてもらいたいと呼び出して公用方(くようかた)から「新撰組が大坂鴻池から金子を借用して衣類をととのえたと承るが、これはいかにも肥後守不明ということにあいなる。ついては右の二百両は当家からあらためて新撰組へ用立てるから、鴻池にはさっそく返済いたすがよかろう」といわれて芹沢は一言もなくすぐさまその手続きにおよんだので、鴻池でもはじめて新撰組を迎えるにふつうの浪士隊とはみなさない。その後両三度ならず芹沢らを招待して馳走などするようになった。

こんなありさまで芹沢、新見、近藤らの幹部が身をおさめるに謹厳にしたので同志の一隊もおのずと規律を正しく、将軍の警衛、市中の巡察、浮浪人の取り締まりに隊伍をととのえ、屯所には甲冑手槍(てやり)の数を備え日課として洋式の調練をやる。日を経るにしたがって隊の名声は京坂に鳴り渡り、薩、長、土、肥などの志士もはなはだしく新撰組をはばかるようになった。

こえて六月島原の廓内に住む京角力の勇川力蔵から新撰組の勇士を桂川の川狩に招待してきたので、芹沢をはじめ沖田、永倉、原田など二十七、八名で押し出す。力自慢の角力取や浪士連が集まったこととて、おりから夏の日ざかり、いずれも素っ裸になって鯉だ、ナマズだと夢中になって騒ぐ。しばらくして昼飯どきになり重詰や食籠の行厨を開いて空腹につめていると、これも川遊びとみえて桂川の中流を曳船で通るものがある。

船は両岸に張った綱に曳かれてスイスイとさかのぼる。人夫がかけ声おもしろく上流へと進むうち、ふとしたはずみに芹沢鴨の髷へ曳綱がさわったからたまらない。「無礼者ッ」と叫びざま脇差を抜いてプツリと綱を切りアッと驚く綱引人夫をひしひしと縛りあげたうえ、河岸に突っ立ちあがり、

「その曳船待てッ」と大音声に呼ばわった。このとき船中から、

「拙者は与力草間烈五郎と申すもの、失礼の段ははなはだ恐縮に存ずる」と陳謝の声が聞こえたから、名乗られると黙っているわけにいかず、芹沢は、

「拙者は壬生浪士芹沢鴨と申す」と名乗ると、与力の草間は驚いて船中から躍り出て芹沢

の前へていねいに、

「これは芹沢先生でござったか、じゅうじゅうの失礼、平にご容赦くださるよう」としきりに詫びる。

芹沢は自分を知っていながらこの無礼はもってのほかなりと猛(たけ)り立ったが、草間はひたすら低頭してあやまるので芹沢も我(が)をおり、縛った人夫を許し草間には獲物の雑魚(ざこ)など贈ってその場は別れた。

その日は桂川で終日おもしろく遊んで一同引き揚げる。翌日になると草間烈五郎、人夫を縛ってひき連れ樽酒に金十両をそえてあらためて壬生の屯所へ芹沢を訪れ、前日の無礼をさんざんに詫びたので芹沢もことごとく打ち解け酒をくみかわしてなにごともなくすんだ。

水口藩士の詫び状

新撰組島原に集まる

京都の警邏を承る新撰組が京の内外に威望を高めるとともに隊長芹沢のわがままは次第

に増長し、時に極端な乱暴を演じて隊員を弱らせた。永倉なぞも弱った一人である。

時は文久三年六月の末、水口(みなくち)藩の公用方が会津藩の公用方を訪ね、

「さて近ごろ異なことを申すようでござるが、新撰組の隊員が乱暴の挙動多く当藩の邸などでもときおり迷惑をいたす。なんとかいたされたいものでござるが」とうっかり口外したので、そのてんまつを会津藩の公用方から新撰組へ申し入れた。芹沢はこれを聞いて、

「もってのほかのいいぶん、そのままにいたしては同志の恥辱である」と怒り出し、永倉、原田、井上、武田の四人を呼び、

「水口藩の公用方を召し捕ってまいられよ」と命令した。

永倉は他の三人とともに水口藩の藩邸へおもむき、ただちに公用方に会って新撰組の屯所へ同行を迫った。すると公用方は屯所へいけばむろん首が飛ぶことをかんづいて禍を招いたその口でひらあやまりにあやまった。しかし永倉は、

「拙者がその弁解を聞いたところで致し方がない。是非のあるところは隊長に直接申し開かれたがよい」ととり合わぬ。すると水口藩の右筆(ゆうひつ)だという男もそばから、

「拙者において必ず隊の面目を立てるでござろう」と口を出し、低頭平身するので永倉らも少々もてあましてきた。しかし公用方を連れずに帰ったら芹沢がなんというであろうか

と思案にあまったが、「それでは謝罪文をもって帰ろう」ということにとりきめ、とうとう一札を書かせて引き揚げた。芹沢はこれにズッと眼を通し、

「これでよろしい。ごくろうでござった」とすぐさま隊の同志を呼び集め、事件の次第を物語って右の謝罪文をしめし大笑いした。するとその翌日、京都二条通りに直心影流（じきしんかげりゅう）の道場を開く戸田栄之助という男が訪ねてきて、「永倉新八殿にご面会を願いたい」という。永倉がさっそく会ってみると、水口藩の公用方から差し入れた詫び状を返してもらいたい。じつはこのこと藩公の耳に入れば公用方はもちろん切腹しなければならぬ。友人の自分はどうかして彼を助命いたしたく、右の次第であるからどうか拙者にめんじて返してもらえまいか、と手をさげてたのむのであった。

　始終を聞いた永倉は、

「それはそれは、さようの次第なれば、いかにもお戻しもいたそう。だが詫び状は局の一同にしめしてもはや拙者の一存ではとりはからいがたい儀もござれば一同と相談をいたさねばあいならぬ。それには屯所の座敷では狭くて致し方ない。お気の毒ながら一同が集まるだけの座敷を周旋をしてくださるまいか」というと、戸田はおおきによろこんで、

「さようなれば島原の廓内角屋（すみや）徳右衛門方へお集まりを願いたい。角屋の松の間なれば十

分でござる」と話がまとまり再会を約して帰った。

翌日になると新撰組総集会を島原の角屋に開くというので、芹沢をはじめ近藤、永倉その他の幹部から隊員たる浪士百有余名がことごとく島原に繰り込み、角屋の大広間いっぱいに集まった。前日約束した戸田栄之助も来合わせ、席定まるとともに永倉が芹沢にかわって集会の次第を物語り、どうしたものだろうと語ると、一同は謝罪文を返すことに異議ないというので、この詫び状はとどこおりなく戸田の手に渡した。

喧嘩禁止の大宴会

芹沢隊長酒乱のこと

水口藩の公用方から新撰組へ差し入れた詫び状が仲裁人の戸田栄之助へとどこおりなく返されると、今度は席をかえてひきつづき浪士一同の招待会が開かれた。

席が定まると隊長芹沢が一同に向かい、

「こんにちは水口藩侯からの招待であるから遠慮はいらぬが、いつものような喧嘩口論はいっさいあいならぬ」と申し渡し、自ら大杯をあげてくつろいでいる。善美を尽くした角屋の表二階で名のある料理人が腕をふるった庖丁の味に廓内の芸妓を総あげにした大酒宴とてことごとく破目をはずしてくみかわした。こんな大愉快のなかに永倉と土方歳三は同じ席について酒を飲んでいたが、ふと土方が一座をみまわして、

「のう永倉、芸妓はあの通り働いているに、角屋の仲居（店専属の接待係）が一人もおらぬとはどうしたものだろう」

「なるほど、これはけしからぬ次第だ。平素芹沢隊長はこの角屋をおもしろからず思っているのだが、気がつかねばよいがのう」と心配していると、時のすぐるとともに杯盤ようやく乱れ、芸妓を捕えて難題を吹きかけるもの、口角に泡を飛ばして激論するものなどがあらわれてくる。隊長芹沢ははやくも酔いがまわり眼がすわって、はや例の気難しい顔で一座をねめまわす。そして仲居のおらぬのに気がついて大声で怒鳴りはじめた。

とかくするうちにあちらにもこちらにも口論がはじまる。気のはやる壮士ばかり集まったこととて隊長の不機嫌ぐらいでは喧嘩はやまぬ。先ほどから気のいらいらしていた酒乱の芹沢はついにかんしゃく玉が破裂した、とみるまにたちまち例の大鉄扇をもって前にある膳椀から瀬戸物までひとたまりもなく叩きこわしてしまった。

「ホラ隊長の乱暴がはじまった」と誰いうとなくおじけをふるい、果ては、仕度もそこそ

こにして逃げ出した。さしもに宏壮な角屋の屋内はたちまちにして人の影なく、永倉と土方だけが残って芹沢の挙動を監視していた。芹沢はますます猛り立ち、よろよろと廊下に出るやいきなり梯子段の欄干に手をかけ「ヤッ」とかけ声とともにメリメリとひき抜き、小脇にかいこんで楼下へおり帳場にならべてある大酒樽の飲口を叩き落としたからたまらない。こがね色の清酒がこんこんとしてほとばしるのを見向きもせずさらに流し場へ出て、山のように積んである瀬戸物の類を、手にした欄干の棒切れでかきまわし粉微塵(こなみじん)にしてしまった。

「主人はいないか、これへ出ろッ」と怒鳴ったが、もとより返事などするものがない。おりから風呂番の老爺(おやじ)、逃げ遅れたのか但しは大胆なのか、ひょっこり首を出したので、芹沢は、

「これこれ拙者は新撰組の芹沢と申す。角屋徳右衛門不埒(ふらち)によって七日間謹慎を申しつけるとさように申せ」となおもさんざん暴れ尽くして二階へひき返し、永倉と土方をかえりみて狂的に大笑し、

「イヤご両所、こんにちはまことに愉快でござった。平素気に入らぬ徳右衛門め、これで胸が晴れ申した。拙者は町奉行へまいるによって一足お先をいたす」といい残して出ていっ

た。永倉、土方の両人もまもなく引き揚げ、ことの顛末を近藤勇に話をすると、近藤は手をこまぬいてホッと太い息をついた。

新撰組の大坂くだり

大坂力士と大喧嘩

文久三年もはや春を送り夏に入った。そのころ天下の風雲はますます急を告げ志士は血眼になって京都や大坂へつめかけ、勤王と呼び佐幕と呼び問題は沸騰するばかり、京都にはいまだ将軍が滞在することとて勤王の志士はうっかり乗り込めぬ。そこで九州方面から東上する志士は大坂に足をとめ同志と気脈を通じて跳梁跋扈（ちょうりょうばっこ）する。だんだん日を重ねるとともに広い大坂も浪士の数を増してきて町奉行ももてあましてきた。そしてついに京都の新撰組へ取締方をたのみ込んできた。

威望隆々たる芹沢、近藤の二豪は即座に山南敬助、沖田総司、永倉新八、平山五郎、原田左之助、井上源三郎、野口健司などの傑物を選抜し、ほかに二十人ばかりの隊員を率いて大坂へくだり、かねてひいきにする八軒家の京屋忠兵衛方へ落ち着いた。

それは七月の十五日で燃ゆるような暑い最中とて、さしもの豪傑連もいたく閉口してしまい、芹沢の発意で舟すずみに出かけることにした。一行は芹沢をはじめとし、山南、沖田、永倉、平山、斎藤、島田、野口の八人、舟中は不便だからというので永倉、沖田、平山、斎藤のほかは脇差だけさし稽古着に袴をつけただけの姿で一艘のすずみ舟を仕立てて乗った。ところが淀川の水瀬がはやくて船頭の力もおよばず、向こうの岸こちらの淵と流されているうちにとうとう鍋島河岸（かし）へ着いた。

揚場へ上陸（あが）ると斎藤一が腹が痛いといい出した。それでは舟をよそうとそのまま河岸をある橋のたもとまでゆくと前方から角力取が一人ぶらりぶらりやってきた。芹沢が、

「そばへ寄れ寄れ」と声をかけると、角力取は、

「寄れとはなんだ」といって傲然（ごうぜん）としている。

平成28年7月に公開された斎藤一の写真、維新後は警官となり西南戦争で奮戦した

芹沢らが稽古姿であったのであるいは武士と気がつかなかったかもしれないが、いったい当時の大坂角力に小野川秀五郎という名力士がおって、大関の地位を占めているばかりでなく、つねに勤王をとなえ一朝事件（こと）あるときには、力士の一隊を率い攘夷のさきがけ

を承るというんで、気をもって衆を統率していた。したがって力士らも倨傲（きょごう）の挙動多いのみならず武士もなにかといえば眼下にしたがるふうがあった。それを芹沢が承知していたからたまらない。いまの一言を聞くや、「おのれッ」といいざま腰の脇差で抜打ちにしてしまった。

なおも足をはやめて蜆橋（しじみばし）へさしかかると、またも一人の角力取がやってきて前と同じような真似をする。そこで今度は八人同時に飛びかかってその場にひき倒し、芹沢は馬乗りになって脇差をその胸に擬（ぎ）し、

「先刻も一人を斬り捨てた。武士に向かって同じ無礼をやるとは言語道断、とても生命を助けるではないが特別にそのほうは許してつかわす。角力取一同へ、以来武士に無礼すなと伝えよ」といって突っ放した。

角力取はほうほうのていで逃げ出し部屋に帰ってかくかくの次第と物語る。ところが当時大坂角力は京都の角力と合併して興行することとなっており、いよいよ明日が初日という相談の最中へ、この報告があったのでたださえ気が立っていたところだからたまらない。かねて攘夷の際に使うべく渡されてあった八角の樫の棒を手に手におっとり、

「それッ浪人どもを打ち殺せ」と六十人ばかり飛び出して芹沢らのあとを追った。

月下に浪士と力士入り乱れて大格闘す

こちらは芹沢鴨をはじめ新撰組の浪士、同志の斎藤一を介抱しようというので遊廓の住吉屋というに登楼して手当を加えていると、急に楼外にただならぬ気配が聞こえる。つづいてガヤガヤとののしり騒ぐ声さえ聞こえる。芹沢がなにごころなく二階から障子をあけてのぞくと、これはしたり、仁王のような肥大の角力取がおよそ五、六十人、手に手に頑丈な樫の八角棒をたずさえ双肌（もろはだ）脱いで殺気を満面にふくみ口ぐちに、

「さァ浪人どもをひきずり出せ、有無をいうなら此楼もろともに叩きこわすぞ」といまにも闖入（ちんにゅう）せんず勢い。芹沢は月影にそれとみて、

「やァやァ武士に対してまたまた無礼をいたすか、このままひきとらぬにおいては斬り捨つるぞ」とよばわった。

角力取は多勢をたのんで、なんのたかがやせ浪人、それ打殺せと先を争って入り込もうとするので、芹沢はたちまち身を躍らして地上へ飛びおり、脇差をひき抜いて身構えた。それとみるより楼上の山南、沖田、永倉、平山その他の面々も同じく身を躍らして飛びおり、

「それ隊長に怪我さすな」といずれも腰の刀を抜きつれて、寄らば斬らんと刀の襖(ふすま)をつくる。おりから雲間をもれた月は名残なく晴れ渡ってこうこうと照り、廓内は押しつ押されつする混雑のうちにこの騒ぎ、

「それ喧嘩だ」「果たし合いだ」と右往左往に乱れ飛んでたちまち熱湯のような大騒動。角力取はいずれも八角棒を大上段にふりかぶり、ただ一打とジリジリ寄ってくる。浪士は大剣あるいは小剣を青眼に構えて、ブーンと唸りを生じてくる棒先を右にかわし左にさけ、隙をみては踏み込んで斬りつける。満身の力を込めて打ちおろしたものを飛鳥のごとくかわされてむなしく地上を打つとみれば、浪士ははやくもその虚に乗じて波打つ横腹へグサと脇差を突っ込み一抉(ひとえぐ)りすれば、「ウーン」と唸って角力取はドタリと倒れる。あるいは袈裟掛(けさがけ)に斬られて「ワッ」と声をあげ血煙立てて仰向けにひっくり返るなど言い甲斐もなく棒をひっかついで逃げ出すところを背筋を割られて泣き叫ぶもある。いやもうさんざんに斬りまくられて角力取の一団はタジタジと退(しりぞ)いた。

　永倉はなかにも屈強とみゆる大男をひき受けて奮戦するうち、八角棒で脇差を打たれ、アッと思うまに脇差がコロコロと溝側へころがっていくのを急ぎ拾いあげて、ふたたび打ってくる角力取の隙をみて肩先深く斬りつけたので敵わじとひき退(の)く。平山も胸を打た

れた様子であったが決死の勇をふるって、これも斬りつけた。沖田は片鬢を打たれて血の滲むをこととせず刀を風車のようにふりまわして敵を悩ましている。山南は逃ぐるを追うて背割に斬り倒したのでこれも即死する。永倉は島田のふった切っ先で左腕に傷をおうたが、それはのちに気がついた。

角力取はいかに猛勇でも新撰組選り抜きの剣士に敵うはずがない。みるみる斬りまくられてさんざんなめにあい、とうとう総崩れになってわれ先に逃げ出した。それとみた芹沢は「追うな追うな」と同志を制し顔見合わせていずれも無事なるを打ちよろこび、そのまま住吉屋へ引き揚げた。

斬り得と斬られ損
雨降りて地固まる

やがて八軒家の旅宿京屋へひっ返した芹沢は近藤勇に向かって事件の顚末を語り、ともかくも時の大坂奉行有馬出雲守へ届け出ることにした。それはあえて角力取とはいわないで、何者とも知れぬ五、六十人のものどもが徒党を組んで理不尽の喧嘩を吹きかけたからやむをえず懲らしめのため斬り払ったが、その際即死四、五人、手負い二、三十人を出したらしい。今宵にてもふたたび押し寄せきたらんには一同でことごとく斬り捨てるからあらかじめご承知ありたいというのであった。

奉行はおおいに驚いてただちに与力にいいふくみて浪士の旅宿付近を固めさせて保護を加える。こちらは角力の年寄熊川、山田川、千田川の三人の名をもって、昨夜何者とも知れぬ浪人組に斬りかけられ即死五名手負い十六名を出した。見つけ次第それら浪人どもを殺害いたすとこれも町奉行へ訴え出た。

しかし新撰組からの届け出によって末がわかっているから即刻三名の年寄を呼び出し、「相手と申すは京都の壬生浪士新撰組の人々である。その訴え出でによると理不尽の無礼により余儀なく斬り捨てたとある。いやしくも武士に対して喧嘩を吹きかけるとは無礼このうえない。無礼打ちにさるるは理の当然で、よんどころあるまい」と、結局角力取は斬られ損、新撰組は斬り得になった。

そこで三人の年寄は、棄てておいては将来までの不為と思ったので、詫びを入れることとし、打ち揃って八軒家の芹沢や近藤らに面会してだんだんの無礼を打ち詫び一献差し上げるはずであるがというので、清酒一樽に金子五十両をそえて差し出した。芹沢以下ももとより遺恨あっての喧嘩でなし先方から悪かったとあやまってきたのにことごとく機嫌をなおし、すぐさま酒を呼んで昨日の敵は今日の友とこころよく飲みかわす。その席で大坂を打ち揚げ京都で興行する際には、とくに新撰組のために京坂合併の放楽角力といたしましょうと約束した。

それは日を経てからの話であるが、当日は数万人の見物あり角力取のよろこびはもとより新撰組の面々も大満足で洛中の評判もためにひとかたでなかった。興行がすんでから芹沢は角力取を呼んでなにか馳走したいと考えたがなにぶんにも金がないので一策を案じ、屯所にしている新徳寺の住職に向かって、「弁天の池を掃除してしんぜよう」と遮二無二承諾させ、一方には角力取に通知して池をかい掘るから遊びにこいと案内し、当日になると、酒を飲むため池からとった雑魚を肴に大酒盛となった。が、角力取は酒は飲むけれども雑魚は食わない。

「どうして食わぬか」と聞くと、弁天の池にはむかしから主(ぬし)がいるといい伝えられるから後難をおそれるというのである。浪士たちは「なに尽忠報国の士に主がたたってたまるものか」と笑いながら互いに飲みまわし大愉快を尽くした。角力取と浪士はこうして親しく往来したので京都の取り締まりはいっそう容易になった。

第四章　両雄並び立たず

むかしゆかしき吉田屋夕霧といまの遊女姿

文久三年の夏は京都大坂とも騒がしい風評ばかり伝えられた。八月大坂の町奉行からまたまた新撰組へたのんできて市中の巡邏にあたることになった。取締として芹沢、近藤の両隊長をはじめとし土方歳三、沖田総司、永倉新八、原田左之助、平山五郎、野口健司、平間重助、井上源三郎の幹部連が同志二十名ばかりひき連れ、またもや八軒家の京屋忠兵衛方へ落ち着く。一休みして隊長芹沢は一同に向かい、「炎暑のおりからたびたびの下坂ご苦労に存ずる。なにかめずらしい肴で一献と存ずるがごらんのごとく手狭により、これから新町の吉田喜左衛門宅までお運びを願いたい」というので、それではと同志残らず打ち連れて出かけた。

吉田屋というのは夕霧、伊左衛門が浮名を流した有名な貸座敷で同志はいずれも大よろこびであった。京屋忠兵衛方には芹沢と永倉だけが留守役に残り酒を飲んでいたが、しばらく経って芹沢が忠兵衛を呼んで、

「ご苦労であるが若いものを吉田屋へつかわして小虎太夫(ことらだゆう)と仲居のお鹿を呼んでもらいたい」といいつけた。

ほどなく二人の女がやってきて、武骨な席が陽気になり、芹沢も冗談などいってからかっている。酒もまわって両人ともひどく酔ってしまったので、かれこれ丑刻（午前二時ごろ）とおぼしいころ、永倉がまず降参して、

「芹沢先生もう寝ましょう」と甲を脱いだ。

芹沢も酒は十分であったとみえてただちにこれに同意し、小虎太夫に帯を解けとたわむれる。「帯を解け」とは泊まっていけという謎であるが小虎は芹沢を好いていなかったので容易に聞き入れない。

「お鹿さんが解けば妾も解きましょう」と柳に風と受け流すが、お鹿はもとより小虎を見守りにきただけのことであるし、かつ日ごろ小虎が芹沢をきらっているのを知っているからはやくもその意を察し、

「妾は解きません」とキッパリことわった。これを聞くと芹沢はおおいに腹を立て、

「もうよいから帰れ帰れ、即刻帰ってしまえ」と怒鳴った。両女はそのまま階段をおりていこうとするので、永倉は「待て待て」とひきとめて忠兵衛に、

「夜もまだ明けぬのに両女だけ帰すというもいかがであるから、しばらく寝かして帰してもらいたい」と、しいて泊めることにした。

永倉がふたたび二階へあがっていくと、芹沢は大立腹で、「永倉氏、不都合なるは彼ら両人、さっそく処分してしまわれよ」と激越した調子で怒鳴る。永倉はとにもかくにも芹沢をなだめすかし「明日相当のことをいたすでござろう」とやっとその夜をすました。

翌日になると永倉はまず忠兵衛に旨をふくめ、「後刻芹沢隊長を連れて吉田屋へまいるにより、それまでに選り抜きの芸妓を十名ばかり招き、われわれがまいったら酒を出して隊長の機嫌をとるように」と命じおき、なお土方、平山、斎藤の三人に昨夜の次第を物語り、隊長と自分が吉田屋へおもむくとて出たならばそれとなくあとからついてこい。そしてなにごころなく、落ち合ったことにして隊長の機嫌がなおるように、骨をおってもらいたいと打ち合わせたのであった。

永倉がこう苦心したのは、こんなささいな事件で万一両女の生命でもとるというようなことになっては、新撰組の体面にかかわることをおもんぱかったからである。

落花狼藉成天の間

髷を肴に杯洗の盃

前夜の宿酔いまだ醒めない芹沢鴨は女にふられた遺恨に永倉新八をうながしてこれが成敗に出かけた。遠くもない吉田屋の門前にさしかかると犬が一匹寝ている。これをみるより芹沢は例の三百匁の大鉄扇をふりあげてその犬をなぐり殺し玄関へ怒気をふくんであがると、先着の京屋忠兵衛をはじめ芸妓仲居が両側にズラリとならんで出迎える。芹沢はものをもいわずそれらをみまわし、突然一人の仲居を手にした鉄扇で打ったので仲居はたちまち気絶してしまったが、芹沢はあとをもみずに永倉と一緒に二階にあがり成天の間に通った。

成天の間というのは伊左衛門が夕霧を相手に遊んだ部屋で、善美を尽くした装飾がほどこされてある。すると両人のあとから見えつ隠れつついてきた土方、平山、斎藤の三人もあがってきて「隊長はこちらか」とそらとぼけ、五人が一座となって席を占めた。まもなく京屋忠兵衛が出てきて、

「ここの主人吉田屋喜左衛門はただいま留守でございまするで、ご用のおもむきは手前に仰せ聞けくださるように」とかしこまった。芹沢は、

「主人不在とあれば其方でよろしい。昨夜小虎、お鹿の両人武士に対して恥辱をあたえた

のは不埒千万である。ただいま成敗するからこれへひき出せ」と力む。忠兵衛はこまった顔をしながら階下へおり両女のそばへいって、

「あの様子ではお前たちの首を斬るかもしれぬ」というと、両女は狂気のように泣き叫ぶのである。忠兵衛はこれを押しなだめて、

「ともかくも座敷へ出ねばなるまい。もし両女が出ぬということになれば京都の角屋の二の舞となるかもしれぬ。主人大事と思わば出てもらいたい。そのかわり座敷へ出たら両人は私の両側に座って、両手を膝にして神妙にしているがよい。もし先方で斬るような様子をみせたら、私が両方からお前たちの首をだいて、『両女を斬るなら私からまず斬ってくだされ』とたのもう。まさか私まで斬るまいと思うからまァ安心してお座敷へ出るがよい」

こうしていやがる両女を連れて忠兵衛が五人の居ならぶ座敷へいくと芹沢は忠兵衛の様子をそれと察して、

「両女とも無礼打ちにすべきであるが女であるによって構わんことにする。そのかわり坊主にしてつかわす」と脇差へ手をかけた。すると土方が、

「先生に手をおろさせ申さぬ。拙者が切ってやる」とやにわに脇差で小虎の黒髪をブツリと切った。つづいて永倉がお鹿の髪を切ろうとすると平山が、

「アイや永倉氏、それは拙者が切る」と、これも根元からぷつりと切ってしまった。

両女の黒髪を芹沢の前へ差し出して忠兵衛は真っ青になってふるえている両女をひき連れてその席をさがると、かねて用意していた芸妓が十人ばかり出てきた。芹沢は、「今日は酒を飲みにきたのではないが、しかしこの髪の毛を肴に一杯飲もう」と酒を命じ、杯洗（はいせん）をあけてまんまんと酒をつがせ、グーッと飲みほして一同へ献（さ）した。そしてそのまま吉田屋を引き揚げて向かい側のある貸座敷へあがり、右の十人の芸妓を呼んで大騒ぎをやった。永倉はいいかげんのところで脱け出し吉田屋へいってみると、小虎ははや馴染みの町人へひきとられることとなっていたので、お鹿は永倉が親許（もと）へひきとらせてこれもまもなくさる町人に嫁がせた。

芹沢鴨自滅をきたし新撰組近藤に帰す

将軍警衛、京都巡邏を承る新撰組隊長の芹沢ともあろうものが、日ごとの乱行嵩じてついに同志の手にかかり横死をとげる仕儀となった。

芹沢は先には島原遊廓角屋の珍器什宝（じゅうほう）をこっぱみじんに打ちこわしたうえ主人徳右衛門

にゆえなく七日間の休業を命じ、大坂新町吉田屋では小虎がわが意のままにならぬといって仲居のお鹿もろとも髷を切り捨てる、ついで四条堀川の商家菱屋の妻お梅という美人を強奪して妾となし、果ては毎夜のように島原のあっちこっちと暴れまわり、少しにても気に入らぬと例の三百匁の大鉄扇がうなって人を打ち腰の佩刀がみだりに鞘を払われる。しかるに一方の隊長近藤勇は驍勇の士であるが好んで剣をろうすることをしない。抜くべきに抜き斬るべきに斬る、その殺虐の手をくだすにも公々然として断行する。芹沢の一徹短慮とは全然いきかたを異にするのであった。したがって両人のあいだにはいつしか深い溝ができて、近藤をして隊の面目の保持には涙をふるって芹沢を葬らねばならぬとまで決心せしむるにいたった。

両雄もとより並び立たず、隊中はおのずから二派に縦断されて近藤は土方歳三、山南敬助、沖田総司などを両の翼とし、芹沢も同じ水戸出身の縁故から新見錦を右の腕としてこれに対するようなありさまになる。近藤はついに隊長の権威をもって新見錦の横暴をおさえ、非行の数々をあげて祇園の貸座敷山緒で詰腹を切らせた。芹沢はために片腕をもがれて心ますます平らかでない。その後は隊のことを少しもかえりみず日ごと夜ごといたるところで乱行をほしいままにしたので近藤もいよいよ最後の手段をとることになった。

時は文久三年九月十八日（十六日か）夜、新撰組の大会議が島原角屋で開かれ、議が終わって大宴会がおこなわれた。大広間は酒池肉林となって弦歌は一廓をゆるがす。近藤は今宵こそ芹沢を成敗してくれんと土方、沖田、藤堂、御倉伊勢武（みくらいせたけ）の四人へ旨をふくめその爛酔（らんすい）を待って暗殺しようと時を待った。

やがて芹沢は平山、平間の両人を一座から連れ出して屯所に帰り、自分は例の愛妾お梅を擁し平山は桔梗屋の小栄（おえい）、平間は輪違屋（わちがいや）の糸里という美妓を相手として飲みなおした。そこへ土方もやってきて胸に秘策をしまってしきりに芹沢に酒を強（し）ゆ。果ては三人とも座にもたえぬようになって臥床（ふしど）に入るとみるや、沖田その他を呼び四人一時に躍り込んで斬りつけた。芹沢もさるもの暗々（やみやみ）とは討たれはせぬ。枕頭（ちんとう）の大刀をとってはね起きて戦ったがついに乱刀のもとに倒れ、平山もつづいて咽喉を刺されて果てた。女はお梅だけ殺され小栄、糸里の両女は平間とともにふしぎに命を助かった。そしてあくる日近藤から「賊のために芹沢横死をとげそうろう」と会津家へ届け出でた。

この騒ぎの最中、永倉新八は他の同志とともに角屋に残っていたので、この挙にはあずからなかったが急報を聞いて隊に帰った。かくて新撰組はここに近藤勇の手に帰し土方歳三を副長にすえて同志を戒飭（かいちょく）、威望さらにあがった。

もとは水戸の藩士

牢中で絶食の覚悟

自ら招いた災いとはいえ同志の手にかかって横死をとげた芹沢鴨は惜しみてもあまりある有為の人物であった。彼は常州水戸の郷士で真壁郡芹沢村の産で、勤王の傑物武田耕雲斎（水戸天狗党の首領）に知られ、有名な天狗隊の一方の旗頭とたてられ隊員三百名をあずかって重きをなした。生い立ちははっきりしないがさすがに水戸藩の空気に養成されただけ猛烈な勤王思想をいだき、つねに攘夷を叫んで痛嘆淋漓（りんり）たるありさまであったという。

本名は下村継次（けいじ）と呼び、天狗隊員を率いて常陸の板子宿に屯（たむろ）していたときのこと、同志のうち三名のものがはしなく芹沢の議論と衝突して法令を犯したかど（反抗罪）に問われ、例の短気からこの三名を斬ってしまった。それから鹿島大神宮へ参詣のおりから、なにをかんしゃくにさわってか拝殿につるされた大太鼓を例の大鉄扇で叩き破った。かねて幕府の当路からにらまれていた天狗隊のこととてただちに事件をかもし芹沢は江戸へ召されて竜の口の評定所へひかれた。

時の奉行が調べることとなって、

「神宮の大太鼓を叩き破ったとはふとどきしごく、申し開きあるか」と訊問すると、芹沢は、

「いかにも叩き破ったに相違ござりませぬが、拙者もとより尽忠報国の士にこれあり、したがって敬神の念にからるるもの、先だって鹿島大神宮へ参詣のおりから、感きわまってわれ知らず鉄扇をもって太鼓を叩き破ってござる」と答えた。

「しからばさらにあいたずねる。其方たとえ部下なりとはいえ、ほしいままに三名の人命を殺めたるとき、相当の理由あったならばなにゆえあって届け出でなかったか」

これには芹沢もグッとつまった。ついに申し開きが立たないため結局死刑をいい渡されて牢屋へさげられた。いかに尽忠報国の士でも法には勝てぬ。入牢した芹沢はここに絶食してあい果てんと決し、日ごとに差し入れられる握飯をば見向きもせず、塵紙を張りついで右の小指を食い切り、流れる血汐で、

雪霜に色よく花の魁けて
　散りても後に匂ふ梅が香

と辞世をしたため牢格子の前へ貼りつけて坐禅を組み死期を待った。
当時武田耕雲斎は京都におり芹沢の入牢を聞いて勅命を乞いたてまつり、一方清河八郎の献策が用いられて勤王の士の罪を許すと大赦の令が布かれた。そこではからずも恩命に接した芹沢はただちに郷里に帰り、両親や妻子に面会していよいよ勤王のことに尽くさんと決心し、名も居村の芹沢をとり鴨とあらためて天狗隊時代の同志新見錦、野口健司、平山五郎、平間重助などとともに江戸へ出立し、山岡鉄太郎を訪れたが、おりからかの羽州の傑士清河八郎がさかんに尽忠報国の士を募り、近藤勇その他の志士も馳せ参じていた最中であったので、すぐさまこれに応じ京都へのぼることとなったのである。

永倉新八がはじめて芹沢鴨を知ったのは浪士一同が伝通院集会の際で、巨魁清河八郎も彼には一歩をゆずり、大勢（おおぜい）からは先生先生と呼ばれていた。それほどの才幹で国家有事の秋（とき）にむざむざと横死したことは彼自身のみでない、国家的損害であるとは当時心あるものの一致するところであった。

第五章　池田屋乱闘

七卿落ちと都の警護

薩長大藩権勢争い

近藤勇が新撰組を掌握してから隊長として辛辣な腕をふるったのはおもに長州の志士を相手として活躍したときであった。そのころの時勢は京都を中心として薩長、会津の勢力争いで朝廷における権勢の消長から幾多の波瀾をかもし、新撰組は会津藩の命のままに巡邏を名として諸藩の動静をさぐり幕府に不利なものとわかれば暗殺、捕縛と高圧手段を加えたので近藤以下の浪士はそれら志士の怨府(えんぷ)たるありさまであった。

しかるに朝廷は島津侯が入京して朝幕の合体をとなえれば、これにより薩の勢力が宮中にはびこったが、また毛利侯が入京して攘夷をとなえればただちにこれに傾き、長州の勢力は薩摩の勢力を駆逐しようとする。会津もそのあいだに介在して勢力を失墜すまいとあせる。文久三年五月姉小路少将が暗殺されるや、朝廷は薩人田中新兵衛の所為であるとなし島津侯の宮門宿衛をやめ毛利侯にかわらしめた。すなわち薩州の信用が朝廷におとろえたのである。両家はそのときまで提携して事をおこなっていたが、こうなるやいなや犬猿の仲あいとなり毛利侯は三条らの朝廷有力の公卿と結び外夷親征の議をとなえてその声望朝廷を圧した。

ところで会津侯は京都守護職の大職をおびていたが、両藩の権勢を観望して毛利家のとうてい幕府に不利なるを察し、やや失意の薩摩島津家と結んで毛利の勢力を殺ごうと謀った。すなわち八月十八日の明け方、中川宮（佐幕派）を擁して会津の兵をもってこれを衛り通して宮内(くない)に参内し、

「長、人事を親征に託し乗輿(じょうよ)を擁して乱をなすの陰謀あり」と奏上したのである。

計略は果たして図にあたり、にわかに毛利家の堺町門の警衛をとき会津と薩州の兵をもってこれにかわらしめ三条卿らの国事係の朝参をとどめ、かつ「外夷親征は聖慮でない、無謀暴臣の朝命を矯(たむ)るところである」と中外に宣示したので形勢たちまち一変、毛利家の声望は急転直下に失墜し恨(うらみ)をのんで帰藩するのやむなきにいたった。

これ有名な七卿落ちの悲劇がおこなわれた際で、毛利侯引き揚げとともに三条中納言、東久世少将、錦小路右馬頭、西三条中納言、沢主人正、壬生修理大夫、中山大納言の七公卿が天誅組に警護され、桂小五郎、坂本龍馬、江藤新平、平野次郎など有名な志士とともに甲冑に身を固めひとまず大和の十津川へ引き揚げた。

当時新撰組には芹沢鴨の存世中で、そんなこととも知らずにいると、会津藩の公用方野

村佐兵衛から壬生浪士一同へ達しがあった。それは、

「このたび長州藩京都引き揚げに際し、新撰組は御所へつめ、それぞれ指揮にしたがって警備いたすべし」というのである。

芹沢はただちに隊員を集めて八十名を二列とし、先頭には六尺四面の大旗――旗は赤地に白く『誠』の一字を染め抜いたもので、これを押し立てて堂々と御所をさして乗り込んだ。まもなく蛤御門へ着くとそこは会津藩の固めるところとなっていたが、藩士は新撰組とも知らず、槍や鉄砲の垣をつくって浪士一同を通しそうにもない。

いかめしき甲冑姿

新撰組へ長の刺客

御所固めの藩命に出向した新撰組の隊員が蛤御門へさしかかると御門固めの会津藩士が甲冑いかめしく、なかにも真っ先に進む芹沢鴨、近藤勇、新見錦の三人の眼の先へ槍の穂先を閃かし、

「何者だ、名乗れ名乗れ」と、怒鳴った。その権幕に近藤と新見は思わずタジタジとした

が、芹沢はさすがに平然として、

「拙者どもは会津侯おあずかりの新撰組壬生浪士なり、無礼して後悔あるな」と大音声に答えた。次第によっては腕ずくでも通り抜けんと身構えして殺気立つところへ、おりしも公用方の野村佐兵衛がかけつけて、

「これはこれは芹沢先生、拙者の落ち度で意外のご無礼つかまつった。仔細ござらぬによってお通りくだされたい」と野村は藩士をいましめて案内させる。やがて新撰組は御花畑（容保の宿所）を固めることとなった。

そのとき諸侯は九門を固めることを承り、御所だけは会津、桑名、一橋が警衛しており、もし長州藩にして引き揚げに際し不穏の挙動あらば有無をいわさず一斉に攻めかからんという気勢をしめしたので、長州藩の不平連も手が出せず、無事に引き揚げてしまった。手ぐすねひいて機会を待った新撰組もあっけなく屯所へ引き揚げたのである。これが芹沢鴨が最後の舞台で、それから三日ほど経って前に述べた横死をとげたのである。

かくて新撰組は近藤の掌中に帰し同時に長州藩志士の怨府となって、かれ近藤勇の一味が京都にはびこっているあいだは京都に事を挙ぐるに不便なりとにらんだ。そこで桂小五郎は同志の御倉伊勢武、荒木田左馬之助、越後三郎、松井竜次郎の四名を選んで決死の刺

客となし方略を授けてしのびしのび京都につかわした。

右の四名ははるばるの道中を離ればなれに京都に着いて八月二十五日壬生村の新撰組屯所におもむき、隊長近藤勇に面会を申し込んだ。勇は心おきなく面会して、

「いかなるご用でござるか」と聞くと、四名の志士は、

「われわれ四名のものはもと長州天誅組の同志でござったが、勤王の議論についていささか異論をつかまつり脱藩して上洛したものでござる。承るに新撰組はだんだんと勤王論に尽瘁（じんすい）いたさるるとのこと、願わくばわれら四名をも加盟させていただきともに勤王のことに尽くしたき趣意でまかりこしてござる」と述べた。しかるに近藤は何気ないていで即座に四名の加盟を許し、島田魁を呼んで、

「今日四名の志士が加盟した。よろしゅう案内せられたい」とて前川荘司の屯所へ案内せしめた。そのうしろ姿を見送った近藤の眼中に異様の閃きがあったとは四人はもとより心づかぬ。時を経て近藤は永倉新八以下四人のものを呼んで、

「ご油断召さるな」と、力を込めて念を押した。

二、三日して新入の四名を招き隊長近藤からあらためて国事探偵の職を授け、当座の手当として金百両をあたえ、

「隊には制服もござればさっそく調（ととの）えられるようにいたされよ」と申し渡した。門限の自由に許されるなど四人には破格の待遇をあたえたのである。

四名の刺客祇園へ

永倉危難をまぬがる

長州の志士御倉、荒木田、越後、松井の四名が首尾よく新撰組にもぐり込み、近藤以下の邪魔者を刺そうとつけ狙うと、新撰組のほうでもこやつ胡乱（うろん）なやつと油断せず、なかにも隊長の内命を受けた永倉新八その他の密偵は彼ら四名の挙動を監視して少しあやしいとみれば委細を隊長に報告し、「決してご油断召さるな」と注意する。だんだん日かずが経って九月二十五日、右の四名が公卿大原三位（さんみ）邸へいくといって出かけた。そこで永倉も中村金吾をともなって同行することとなりついていくと、大原邸へはおもむかず、途中の池亀という料理屋へあがって酒を飲みはじめた。

永倉も一緒に飲んでいるうちに志士らは一人減り二人減ってついにみんなどこかへ消えてしまう。不審に思って永倉が便所へいくふりして下座敷へおりていくと、ある一室に八人ばかりの見知らぬ侍がおり、前の四人もまじってなにごとかひそひそと語り合っている。さてはとうなずいて永倉は足音をしのばせてもとの座敷へ立ち帰り、待つまほどなく四人のものはなにくわぬ顔して座敷へ戻ってきた。そしてしきりに酒をすすめる。

「永倉氏、マ、マ一献まいろう、中村氏は隊へ帰られてはどうじゃナ」と心ありげにいうが、永倉は笑いにまぎらしている。とかくするうちに一座はこれから祇園へ繰り込もうというので、一力（いちりき）に登楼し陽気に騒ぐうち、荒木田左馬之助が、

「さァさァ諸君、大小をはずして楼主へあずけよう」といい出した。

永倉は不審に思ったが、なにほどのことやあろうというままになり腰のものを手渡していよいよお退（ひ）けとなり、永倉は二階、中村は下座敷へ別れる。なかにも永倉の座敷は一方にだけ出入口があっていかにも不都合な部屋、ことには無手であるから、もしきゃつらが斬り込んできたら手許に飛び込んで、相手の剣を奪って戦うよりほかにみちがないと思い定め、わざと酔ったふりして寝ている。

ところがかれこれ丑三刻（午前二時すぎ）と思うころ、下座敷に寝たと思っていた中村がそっとあがってきて、

「永倉氏、どうもがてんがいかぬ、ご油断なされぬよう」と注意していく。ほどなく巡邏

に出た沖田、井上、原田、藤堂、島田などの同志が十人ばかり心配して一力に立ち寄り、「永倉無事かの、あの四人のものは必ず隊に連れ戻ってくれ」といっていってしまう。こんなうちに中村がふたたびやってきて、「四人の連中は池亀でみた七、八人の侍と一緒になって尊公を暗殺しようと相談している」と告げた。

その相談というのは、なんでも一力へ迷惑をかけぬよう、外で殺ろうというのらしい。永倉も決心していつでも相手になろうと腹を決め、夜の明けるのを待っていると、四名のものがドヤドヤと入ってきて、「永倉氏もう夜が明けた、サァサァ帰ろう」とうながしたてる。やがて一同外へ出て気をくばって歩くうち、四名の志士はときどき斬りかかろうとするが、なにぶんにも人通りが多いのでとうとう手をくだせず壬生村へきてしまった。

長州の志士刺さる
新撰組恩賞にあずかる

隊長近藤勇は副長土方歳三とともに四名の長州志士を隊内にとどめ、彼らの動静によって京都の市中に潜伏する長州不平党の所在を探知し、残らず殺戮しようとはかったのである。しかるに九月二十五日の夜、永倉新八と中村金吾の両人を祇園一力で刺さんとして果たさなかったという報告を聞いて、「彼らをこのままには捨ておけぬ。即座に殺してしまえ」と近藤は永倉に命じたので、新八はおうとばかりに立ちあがり斎藤一と林信太郎の両人をしたがえて、まず前川荘司方にいる御倉伊勢武と荒木田左馬之助を狙った。

おりからこの両人はかかることとは夢にも知らず髪結(かみゆい)を呼んで縁側のほうへ向かってなにごころなく月代(さかやき)をしている。永倉はただちに両人のうしろへまわり無言のまま斎藤と林を見返って眼で合図をすると、斎藤は御倉のうしろにまわり林は荒木田のうしろから一斉に「ヤッ」とかけ声とともに脇差の柄も通れと突っ込むと、両士はキャッと叫んで腰の小刀に手をかけたまま即死した。驚いたのは二人の床屋で、サッとほとばしる血潮をあびて自分たちが刺されたとでも思ったのか、その場に腰を抜かしてしまう。これと同時に沖田総司は藤堂平助をしたがえて別間の越後三郎と松井竜次郎を討ちとらんとして踏み込むと、はやくもそれとさとってか両人は一方の窓を押し破り塀を乗りこえて逃げ出した。

　このときまで永倉新八は知らなかったが、なおこのほかにも隊内に長州藩の間諜（かんちょう）がおったことがわかったものとみえ、沖田が大刀をひっさげて、

「屋内に彼らと同意のものあらん、かたがた油断召さるな」と大音に呼ばわると、意外にも楠小十郎、松永主計（かずえ）の両名が血相かえて飛び出した。

「それ逃がすな」と屋内の同勢が追っかける。なかにも原田は飛鳥のごとく楠のあとを追って難なく捕まえたが、井上源三郎の追っかけた松永は一生懸命に韋駄天（いだてん）走りで容易に追いつけぬので、井上は、

「えい、めんどうな」と叫びざま腰の大刀をひき抜き、なおも追いすがってうしろから斬りつけたが、松永はどこまでも運がよかったか、うしろに縦一文字に軽傷をこうむったばかり、とうとう逃げのびてしまう。こちらは捕縛した楠小十郎をひったて隊長近藤勇の面前へ連れていこうとするとかれこれと抗弁してきかぬ。癇癖（かんぺき）強い原田左之助がそれとみて眉をキリリとつりあげたとみるまに、腰をひねって水もたまらず小十郎の首を斬って落とした。桂小五郎の苦心もかくして水泡に帰したのである。

これより先長州藩京都引き揚げに際し、新撰組の行動機宜（きぎ）をえたとあって、将軍家から恩賞の沙汰があった。すなわち組の隊長は大御番（おおごばん）頭取と呼ばれ手当が月に五十両、副長は大御番組頭で同じく手当が四十両、副長助勤は大御番組といって手当が三十両、以下の同志もそれぞれ名称と手当を付され、平組員でさえ大御番組なみと呼ばれ月の手当十両ずつ給されることとなった。ことに京都府中に横行する浮浪の徒（やから）取締方を命ぜられるのみか、斬り捨て御免の特権さえあたえられたので京都大坂にひそむ志士は、新撰組の隊員をおそれること鬼神のごとく、威勢隆々たるありさまとなった。

青葉若葉の夏のはじめ

御所焼き打ちの大陰謀

新撰組に多事なりし文久三年もすぎて年号は元治元年とあらたまる。さらにだに、羽振りのよい新撰組は前年の秋幕府から格をつけられ、斬り捨て御免の特権を許されてからはいっそうの威勢を加え府内の警邏から取り締まりがいとど厳重になった。

花の春も暮れて青葉若葉の影がなつかしい夏のはじめのころである。新撰組からかねて放った手先から府中に長州藩の志士が変装してだいぶ入り込んできたことをしきりに報ずる。なかにも四条寺町に馬具屋を渡世とする近江屋という長府生まれの商人のもとへは七、八名の長州人が雇い人の風采(ふうさい)をして潜伏しておって、容易ならぬ謀計を企てているらしいことが判明した。これは例の桂小五郎の同志として有名な長州の志士古高俊太郎を中心とする倒幕の決死の一団で、朝廷における毛利侯の信望をどうにかして回復し、ふたたび長州の天下として国論を左右したいとの一念から京都へしのび込んで機運の熟するのを待っていたのである。

そうと知った新撰組は、さてこそござんなれと六月の五日、沖田総司、永倉新八、原田左之助、井上源三郎をはじめ二十余名の隊員が不意に近江屋の表と裏の入口を襲い一斉に捕縛せんと、同時に踏み込んだ。長州の志士もさるもの、かねてかくあらんと覚悟していたものとみえ抜け道をもうけておいたので、すわというまに隠れてしまい、とっさの場合になにか秘密書類を火中に投ずるひまに逃げ遅れた古高俊太郎だけを捕えた。一同はなおも十分に家探(やさが)しをしたが、もとよりおるはずがない。そこで土蔵に封印をほどこして古高をひったてて壬生の屯所へ引き揚げた。

近藤隊長は自ら古高を調べたがすでに死を決して上京したほどの彼とてなんにもいわぬ。

打って打って背部が破れても眼をつぶって歯を食いしばり気絶しても口を開かない。副長の土方歳三もほとほと手にあまし、いろいろ工夫した結果、まず古高の両手をうしろへまわして縛り、梁（はり）へ逆さにつるしあげた。それから足の裏へ五寸釘をプツリと通し百目ろうそくを立てて火をともした。みるみるろうが流れて熱鉛のようにトロトロのやつが古高の足の裏から脛（すね）のあたりへタラタラと這っていく。このしつこい残忍な苦痛にはさしも決死の古高もさすがにたえかねたとみえ、小半時ばかりもだえ苦しんだ末ようやく口を開いて同志の秘策をもらした。

それは同じ六月二十日を期し、長州から桂小五郎と同行して上京した志士一同は某（なにがし）の時刻を合図に御所に火をかけて焼き打ちを開始し、その混雑にまぎれて島津侯と会津侯を君側からのぞき、おそれ多くも聖上の長州御動座をうながしたてまつるという陰謀である。

「さァそれからいかがいたした、同志のものはどこにひそんでいるかありていに申せ」とせきたてられて、古高は無念の歯をかみしめつつ自白するところによると、祇園通りの町家に雇われているものは大部分長州人で、三条通りの旅宿に膳所（ぜぜ）藩とか、水口藩とかいう札をかかげて泊まっている侍も、大部分は長州人とこのたびの陰謀の同志であるというのであった。

さしもの近藤もこの陰謀には驚いた。

維新史に残る活劇

池田屋襲撃の顛末

長州の志士古高俊太郎の自白を聞いて新撰組の隊長近藤勇はさすがにギョッとした。いまは一刻も猶予ならずと事件の顛末を会津侯へ届け出(い)ずるとともに、即座に隊員を招集して制服の浅黄地の羽織を着せ、着込み（鎖製の防護服）まで用意して十分の仕度におよぶ。会津藩からはなにか沙汰があるかと待ったが容易に指図がこない。が、夕刻にまず町会所へ全部つめて古高の自白通り長州人を狩りたてようと手を分けてかたっぱしから調べていく。祇園通りから三条通りと進んでいったが一人も見あたらない。ところがふと三条小橋あたりの池田屋惣兵衛方をのぞくと、果たして二十余名の長州志士が寄り合ってなにごとか擬議の最中であることがわかった。

この日陰謀の同志、吉田稔麿(としまろ)、北添佶磨(きつま)、宮部鼎蔵(ていぞう)、松田重助などが古高俊太郎捕えられたと聞いておおいに驚き、回状をもって池田屋に同志を集めこれが善後策にふけっていたのである。そして大部分は古高が決死の一人であるから決して同志の行動を自白などはいたすまいということに一致し、やはり予定通り二十日をもって大事決行と相談の最中であったのだ。

こちらは近藤勇、隊員を二手に分かち、池田屋の表口と裏口を固めさせ、屋内へは隊長近藤が先に立って沖田、永倉、藤堂の三人をしたがえてツカツカと進む。このとき三条小橋あたりは鴨川の涼風によりつどう人多く京の街は灯影涼しくまだ宵の口のにぎやかさ。往来のたえやらぬ人々はいましも後年まで幕末史をひもとくものをして慄然たらしむる池田屋襲撃がこれからおこなわれようとは知るよしもなかった。

行灯(あんどん)の影にすかせば軒下に鉄砲と槍が十挺ばかり立てかけてある。それを見た沖田は、てばやく縄をもってひっからげる。近藤は玄関から堂々と、

「主人はおるか、ご用あらためであるぞ」と声をかけ八方に眼をくばってあがり込む。亭主の惣兵衛はやはり長州の生まれでつねに長州藩の同志を得意として世話をするもの、それとみるよりおおいに驚き、梯子段のところへかけつけ大声で、

「みなさま旅客調べでござります」とみなまでいわせず、うしろから近藤が大力の拳固(げんこ)で張り飛ばしたので惣兵衛はその場に気絶した。

二階には長州の同志二十余人が車座になって協議のおりしも惣兵衛の声に、「さてはッ」と目と目を見合わせ、「もはやこれまで」といずれも抜刀して斬りまくらんず気配をしめす。階段の上に立った近藤勇はそれとみて炬(きょ)のような大眼をかっと見開き、

「無礼すまいぞッ」とにらみつけた。

その勢いにのまれてか抜刀をひっかついだまま、二十余名の志士は身を躍らして屋根から飛びおり、中庭のあっちこっちと逃げまわったが、階下には沖田、永倉、原田の三人がひかえて手向かうものは斬り捨てんと身構える。ジリジリ剣を向けたまま、一人の志士が沖田へ向かうとたちまち二、三合(あ)わして沖田に斬られる。表と裏が固められたと知って長州の同志は広くもない屋敷内を逃げまどうたが、このとき会津、桑名の両藩から人数を繰り出して池田屋を遠巻きにした様子に、二十余名の同志はここに窮鼠かえって猫を噛むの形で、猛然として太刀をふりかざして向かってきた。

永倉健闘殊勲のこと

沿道は数万の人垣

このとき裏座敷には近藤勇と沖田総司、表座敷には縁側に永倉新八、藤堂平助がひかえ、必死となって向かってくる志士を斬り捨てんと身を構える。おりしも一人の志士が逃げていったのを永倉が追いかけていく。ところが表口には槍術の達人谷三十郎、原田左之助の両人が寄らば刺さんと構えているので、右の志士はひっ返してきて永倉に立ち向かった。

敵は大上段にふりかぶって「エイッ」と斬りおろすを、青眼に構えた永倉はハッとそれをひきはずして、「お胴ッ」と斬り込むと、敵はワッと声をあげてそのまま打ち倒れたのでさらに一太刀を加えて即死せしめ、ふたたび縁側にかけ戻り、敵やあるとみるまにまたも一人の志士が表口へ飛び込んでいくと、待ち構えた谷の槍先につかれてあとずさりするところを追っかけていった永倉が一刀のもとに斬り殺す。今度は縁側伝いに雪隠(せっちん)へ逃げ込もうとする敵をみつけた永倉が、うしろから矢声とともに斬りつけて、これも即死した。

そのとき藤堂はと見返れば、不意に物陰から躍り出した敵に眉間(みけん)を割られ流れ出る血が眼に入って非常に難儀している様子。それとみて永倉は撃剣の加勢でもする気で横合いか

ら敵に、

「お小手ッ」と右の小手をのぞんで斬り込むと、敵もさるもの、「そうはいかぬ」と受け流し、今度は藤堂には構わず永倉へ斬ってかかる。これはなかなか撃剣ができるものとみえて容易に永倉を斬り込ませない。両人とも必死となって奮闘したが、なかにも敵の刃先が永倉の胸のあたりへスッスッとくるので、傷こそ受けぬが永倉の衣類がさんざんに切り裂かれた。かかるおりしも敵は「ヤッ」と一声小手にきたのを永倉はひきはずし得意の面をここ ろみると、敵はみごとに左の頬から首へかけて斬りさげられ血煙立てて打ち倒れた。そこでふたたび刀をとりなおし、最後の一太刀を加えた際、土間は漆塗(たたき)になっていたので剣はポキリと折れてしまったから、そばに捨ててある敵の刀を拾って起きなおるとき、ふと自分の左の手がベトベトするに気がつき、よくみると親指の付け根の肉を切りとられていたのであった。

そうこうするうちに沖田が大奮闘の最中に持病の肺患が再発して打ち倒れたので、眉間に負傷した藤堂とともに表へ出してしまう。残るは近藤と永倉のただ二人。このとき近藤は四、五名の志士をひき受けて奮闘をつづけていたので永倉の悪戦苦闘を救うことができぬ。とかくするまに隊長の身のうえを気づかって原田左之助、井上源三郎、武田観柳斎などが屋内へやってきて、家探しをはじめると、八名の志士は刀を投げ出して捕虜となる。二階の梁の上を歩くものは井上が突き刺してしまう。表口から五人ばかり逃げ出したのは会津、桑名の手で斬り伏せられる。

すっかり形がついてから近藤勇は隊員を二列として引き揚げたが、この際壬生村までの沿道は数万の人垣で雪崩を打ち、藤堂は釣台（担架）で永倉は敵の血汐を全身にあびたまま ものすごいありさまで、人々の立ち騒ぐなかをゆうゆうと引き揚げた。噂は数日にわたってやかましかった。新撰組へはこの事件で朝廷から百両、会津侯から五十両下賜され、近藤以下の勇士をあつくねぎらった。

惨たんたる池田屋跡
捕縛した志士処分

無類の惨劇を演じた三条小橋の池田屋の跡はじつに惨たんたるものであった。襖障子などは一枚として満足なものがなくこっぱみじんに打ちこわされ、天井板はその上に隠れたものがあったのを下から槍で突きあげたからこれもさんざんに裂き砕かれた。階上階下の座敷の幾間は鮮血斑々として畳を染め、ことに無残なのは斬り落とされた腕や足が狼藉として散乱し、毛髪のついたままの鬢などが切り殺がれて散っているのであった。

座敷はこんなに荒らされたうえに家のものは主人惣兵衛をはじめ下婢下男にいたるまで一人残らずその場から引き揚げられてきびしい呵責を受け、逃走した一味のものの姓名を聞きただされる。当日斬り殺された死者の屍は三縁寺へ運び、誰が誰やらわからないためそのままに積み重ねられ、数日ののちにいたって池田屋の家のものを現場にひき出し死者の名を判別させた。その後池田屋の亭主惣兵衛は過酷な拷問にたえずついに獄中で斃死した。

捕われた志士の末路もまた悲惨なものであった。彼らははじめ捕われるとともに一同は新牢へ投り込まれたが、あとで対の間に移される。西川正義という志士は懐中に「姦魁某王を斬る」の文をもっていたので糺弾もっともきびしかったが、この姦魁とは中川宮をさしたもので、この斬奸状は土佐の本山七郎（北添佶磨の変名）にたのまれて書いたと西川は白洲で申し立てたそうである。

惨劇に先立って捕縛された古高俊太郎は十二日に同じ牢獄へまわされてきたが、さすがに自分が口を開いたばかりに多くの同志があるいは殺されあるいは捕われたのを知って深く慚愧悔恨の色あり憂鬱のまに日を送ったそうだ。同人は翌七月の兵燹のときに斬られたが、西川は翌年、すなわち慶応元年二月十日獄中で病死をとげた。これら志士の陰謀は裏面には有力な他藩および在野の有志があって、決して長州有志のみの妄挙ではなかった。事件が未然に発見されたので維新上の小瑣事として葬られたけれど、もしこの陰謀党の成算が熟して爆発したならば、少なくも維新の大局は二年はやく定まり、また池田屋の襲撃に新撰組が大勝を占めなかったならば、徳川幕府の寿命が同時にそれだけちぢまっていたわけである。

さてこの事件あって以来、長州藩その他の人物で、少しでもあやしいとみとめられた浪士は容赦なく捕縛され、京都六角の牢獄はために空房がない。しかして、その多くは七月の兵燹の際に斬首されてしまった。いずれもろくに取り調べも受けずに無残の犠牲に供されたのは気の毒である。こちらは新撰組、今回の大奮闘にもっとも健闘した沖田総司、藤堂平助などの負傷者をあつく介抱しまもなく回復したが、殊勲の永倉新八の負傷も軽かったので日ならずして平癒した。かくてひきつづき残党の追捕のことにしたがい、あいかわらず京都府中たると府外たるとを問わないで奔走した。

第六章　許されざるもの

長州兵三百名上洛

京都戦雲にとざさる

毛利氏が会津、薩摩との勢力争いに負けて禁裏守護職をやめられ、かつ藩の有志が数度の密謀の企図も中途に発覚して長人の影を京洛に絶つにいたるまで勢力を失い威望を落としたので、長藩の憤慨は頂点に達ししばしば勢力挽回の策を講じ、一方には朝廷に上書して冤(えん)を訴うるところあったが一(ひとつ)も採用されず、最近の御所の焼き打ち、聖上長州御動座の陰謀もかの池田屋事件で水泡に帰してしまったので、このうえは非常手段を用いてまでも君側の奸を一掃せんと藩の老職益田右衛門介、真木和泉、福原越後などが藩兵を率いて大挙上洛した。

これまでの新撰組の経歴は府中の巡邏、浪士らの逮捕などにすぎなかったが、このたび長州勢が禁闕(きんけつ)を犯さんとして上洛するにあたり、会津、薩摩の軍とともに出陣し近藤勇がその将帥として抜群の働きをした。これ永倉新八が実戦にのぞんだ第一歩なのである。

時に元治元年六月、京都には注進織るがごとくに飛んで、長州勢の動静が手にとるようにわかる。洛中洛外は煮えかえるような騒ぎであった。すでにしてその月の二十五日、長州勢は続々と上洛し嵯峨の天竜寺には来島、国司の両人が侍大将として百名の藩兵を率いて陣取り、天王山には益田右衛門介、真木和泉の両人が侍大将としてこれも百名の兵を率いて陣取る。伏見には福原越後が同じく百名の兵を率いて陣を取り、京都の要路を扼してものものしく構えた。

こちらは京都守護職の会津藩、薩摩勢と連絡をとっていつでも長州勢と戦端を開きうるように準備されてある。まず会津藩では神保内蔵助(くらのすけ)が侍大将として軍事奉行の林権助を参謀長に藩兵二百名を率いて葵の定紋を染め抜いた旗をたてて銭取橋を固める。また幕府の見廻組頭取蒔田(まいた)相模守が組頭佐々木只三郎を参謀として幕臣三百名を率いこれも銭取橋を守る。薩州勢は京都府内の御所付近から九門を固めて万一を警戒する。新撰組はというに隊長の近藤勇から沖田、永倉、井上、藤堂などの副長助勤までは甲冑に身を固め、隊員は例の浅黄地の羽織の制服をつけ総勢百名が会津藩に属して特殊の一隊となり同じく銭取橋に陣取った。

両軍はこうしてにらみ合っているうちに六月もすぎて七月となり、しかも形勢は刻々険悪を告げ、どっちからか手を出せばいまにも破裂しそうな気配が十分にみなぎっている。会津藩の傑物林権助は滞陣中に士気の頽廃をおそれてか、毎日、時を定めて軍令状を読み聞かせる。その要旨は、陣中にあるときといよいよ開戦の暁のこころえ、進退のかけひきなどであった。また先陣後陣と守備兵を分けて先陣は銭取橋の橋ぎわに、後陣は橋から約三町ばかり後方へおいて万一に備える。新撰組はつねに先陣にたって戦端開ければ第一の功名をせんものと赤地に『誠』の一字を染め抜いた隊旗を押し立てて異彩を放っていた。

長州井伊藩を襲う

福原越後の引き揚げ

長州勢が嵯峨の天竜寺、天王山、伏見の三カ所に陣取ってあえて戦わず、あたら日を重ねているには理由があった。それは藩侯毛利長門守ならびに毛利淡路守の一行が遅くも七月二十二日までには着京して最後の手段を講ずるという期待があったからである。幕府方でもそれと知って、もし両侯着京することあればいよいよめんどうとなるによって、こっちから機先を制し是が非でも長州勢を追い払わんと方針を決した。

そこで七月の十四日、大目付永井玄蕃頭（げんばのかみ）（尚志（なおゆき））が伏見の長州陣屋へおもむき、侍大将福原越後に面会し、

「嵯峨天竜寺、天王山、伏見の兵はなにゆえあって陣容ものものしくひかえるや。是非の論議は追ってのこと、きたる十八日限り全部をひき払うよういたされよ」と談判した。すると福原は、長門守、淡路守両侯着京をみるまで踏みとどまろうという心底（しんてい）であるから、

「それでは二十二日までご猶予にあずかりたい」という。

「それは決してまかりならぬ。もし十八日限りひき払わぬにおいては兵力に訴えてもこのほうの要求を貫徹いたす」と玄蕃頭はがんとしてきかない。兵力の権衡を失う長州の福原はついにやむをえず、

「しからばよんどころござらぬ。ひきとるでござろう」と約束した。

ところが、当日になるもなかなかひきとりそうにみえない。新撰組は同夜伏見の長州邸を夜襲する手はずで、それぞれ準備していると幕府の本陣でしきりに法螺（ほら）の音が聞こえる。

最後は幕軍を率い五稜郭に立て籠った永井尚志、作家三島由紀夫の高祖父

耳をすまして聞くとそれは寄せ貝だ。そこで会津勢も見廻組も新撰組もとりあえずかけつけてみると、形勢ははやくも開戦と定まりなかにも大垣藩の固める伏見稲荷の関門は激戦になりそうであるというので、会津藩の一隊は援兵を繰り出せとある。やがて神保内蔵助

の手勢を半隊百五十名さいて新撰組に合し、伏見稲荷の関門守備として差し向けた。

これより先長州藩の福原越後は伏見奉行の林肥後守に、

「先日大目付よりこんにち限り伏見ひき払いを命ぜられたについて、いよいよただいま出発いたす。なにとぞ人馬の拝借を願いたい」と申し出た。

林はこれを真実と思い、いうがままに人馬を提供すると越後は手勢を天王山に引き揚げるとみせて伏見の関門を突き、彦根の井伊藩の固めを槍や鉄砲を向けておどしつけた。驚いたのは小勢の井伊藩でひとたまりもなく逃げ出して桃山へ退く。福原越後の心底では、この関門を通過して叡山へたてこもり、京都随一の食道たる江州米の移入を扼止(やくし)して兵糧攻めにしようという作戦なのであった。

おりから銭取橋から繰り出した会津勢と新撰組の一隊が急を聞いてかけきたり、ゆうゆうと関門を通過した福原越後の手勢を食いとめ、ふたたび長州勢を関門外まで追い込む。しかるに福原はなんとかして叡山を攻め落とそうとひき返し、

「問答無益、あいさつは鉄砲でする」と、しばしがほどは揉み合ったが、とかくするうち福原越後は流れ弾にあたって頤(あご)へ負傷したので逆襲もものにならず、ふたたび伏見へ引き揚げてしまったので会津勢と新撰組はひとまず稲荷の境内へひき返した。

風雲すこぶる急である。

寺町御門で大混戦
会津侯危機をつなぐ

神保内蔵助の率いる会津勢の一隊と新撰組とが伏見稲荷の境内で勢ぞろいしていると、はるか御所のほうにあたって大砲の音が聞こえ出した。なにごとならんと永倉新八と原田左之助が民家の屋根へあがって眺めているところへ、会津藩の公用方から急使がきて、「伏見はそのままといたし御所へ向かうべし。御所はただいま大騒ぎで危険に瀕している」という。

「それはけしからぬ」と神保の手勢は即座に他の半隊たる林権助の手勢と合し、新撰組これに加わって御所に向かうと、松平越前侯の固めた堺町御門はさんざんに長州勢に悩まされ御門ははや敵手に陥らんとしている。これをみるより救援にきた林、神保らの率いる会津の一隊と、それに新撰組が加わって門の内外から長州勢を攻め立てたので、しばらくして長州勢は一時占領した御門を捨てて寺町御門のほうへ退却した。

ところがその御門は細川越中守の手勢が厳重に固めていたので、逃げてきた長州勢はまったく挟み撃ちとなり大混戦となって結局小勢の長州兵は全滅してしまう。ここで新撰組は奮闘の疲労を休めるひまもなく会津勢と別れて堺町御門へひき返してきて、鷹司家の門前にさしかかると、屋敷内に二、三十名の長州兵が隠れている様子。それとみた新撰組の調役大槻銀蔵はいきなり御殿へ火をかけたので長州兵はおおいに驚き、われ先に邸内を抜け出して蛤御門のほうへ逃げる。御門は会津勢の手で固めていたので、それとみて追いかけてきた新撰組とともにこれも挟み撃ちにし、またたくまに絶滅してしまう。

しかし長州勢は人数のわりあいには善戦した。なにしろ三隊四隊に分かれて京都のいたるところに出没し必死となって荒れまわるので、会津勢も幕兵も少々ならず悩まされた。

このとき会津侯松平肥後守は御花畑の旅館(やど)にあり、おりから枕もあがらぬ病気で床について苦しんでおったが、刻々の形勢を聞きとって病に悩む身をば起きなおし、近侍(きんじ)に「剃刀(かみそり)をもて」と命じて髯(ひげ)を剃らせ、よろめく足を踏みしめて官服にあらため、乗馬にまたがって御所へ参内せんとした。ながの病苦に心身とも疲れ果て、ややともすれば乗馬から落ちそうなので近侍のものは両方から侯の腰のあたりをささえ、公家御門から御所へ入ろうと門の曲がり角へくると馬はピタリと止まった。近侍のものはふしぎに思って、さらば南門へとひき返し、ようやくのことで御玄関へ着くと、一橋卿と桑名侯が出迎えた。

会津侯は両侯の肩にたすけられて御廊下をたどり拝謁の間までまかり出ると、このとき聖上にはかしこくも御所御立退きの御用意あそばされ、肥後守参内との奏上を聞こし召されて即座に拝謁を仰せつけられた。会津侯は平伏したまま、聖上の御袖にすがり、「禁闕を騒がしたてまつれるだん、恐縮しごくに存じたてまつるが、臣、京都守護職に身を奉ずる儀にもこれあり、しばらく肥後にお任せあらんことを願いたてまつる」と奏上した。聖上には肥後守の苦衷を推察したまいてか、「しからば、ざんじ汝に任すであろう」とありがたき御諚をくだしたまわった。

危機はこうしてつなぎとめたのである。

新撰組よく戦いて長州兵ついに潰走す

病苦を押して参内し京都守護の任務を遂行つかまつると、闕下に伏奏して勅諚を拝した会津侯は、御前を退くや家臣を集め、

「君臣ともに討死をいたす」と布令を出した。一同は涙をふるって感激し、

「君の馬前に死せん」とばかり、おおいに士気を振興した。

新撰組はこのとき公家御門を固めよとの命を受けたので、隊長近藤は副長土方とともに隊員を率いて公家御門に馳せ向かわんとすると、御門前の日野大納言邸に長州人八十名あまりひそんでいると密告したものがあったので、副長助勤の永倉新八、原田左之助、井上源三郎の三名へ隊員二十名をそえて日野邸に向かわせた。突然新撰組の一隊に飛び込まれた長州人は一時は驚き騒いだが、果ては必死となって斬り込んでくる。半時あまりも追いつ追われつ邸内で戦ったが長州人は四、五名その場に斬り伏せられ、その他は敵わぬものと逃げ出した。このとき永倉は股に原田は左の肩へ軽傷をこうむった。

また一方には下立売御門（しもだちうりごもん）を固めていた松平美濃守の藩兵は、長州人にのっとられて言い甲斐もなく敗走したとの注進に、門内からは会津勢、門外からは薩州兵が長州勢を挟み撃ちにし悪戦を重ねてついに奪い返し、長州兵は大砲を打ち捨てて逃げのびた。かくて一時は優勢であった長州勢もかなたに破れこなたに走ってさんざんに打ち悩まされて逃げ道を失い、大部分は京都市中の民間へ潜伏して死をまぬがれようとした。それとみた会津勢や幕府の兵は町家へ大砲を撃ちかけたので京都はたちまち兵燹につつまれ、炎々天を焦がして市街の大半を焼き払う。長州兵はついにいたたまらなくなって洛外をさして潰走しはじめた。

かくて京都は多大の犠牲を払って長州人の手からまぬがれたので余勢をかって長州勢を一掃しようということになり、まず薩州の侍大将西郷吉之助は兵を率いて嵯峨の天竜寺に向かう。会津勢は新撰組と合して天王山へ攻め向かうこととなった。

会津藩の侍大将神保内蔵助は軍事奉行の林権助、新撰組隊長近藤勇らとともに軍容をとのえ、隊伍堂々として天王山に向かった。先発の薩州勢ははや天竜山の長州兵を攻めて追い落としたので、ここにはしなくも神保隊と挟み撃ちとなりさんざんに打ち悩まされて天王山に追いつめられる。長州勢の運命はもはやここにいたって尽きてしまったのである。

かくとみて長州の傑士真木和泉は同じ老臣の宍戸、国司、益田らに向かってしいて帰国の決心をなさしめるとともに、藩兵一同に向かい、

「真木和泉はこの天王山において討死をいたす所存であれば同志のものは残ってわれらと運命をともにいたすべく、しからざるものはいまから馬関（下関）へ落ちてふたたび兵を挙ぐるの用意をせよ」と申し渡した。かかるうちに宍戸、国司、益田の三大将は藩兵をひきまとめて丹波口から長州路をさして落ちていった。真木和泉と運命をともにすべく残存したものは二十名、もとより決死の勇士とて真木の指図にしたがい、天王山を枕に討死の

準備にとりかかった。

会薩兵天王山包囲
真木和泉の武者ぶり

長州勢が真木和泉以下二十名の決死隊を天王山に残して引き揚げたとは知らぬ追手の勢、なかにも新撰組は連戦連勝の勇をふるって橋本口から淀川を越すときなど会津兵と先陣、後陣を争うて山崎へ向かう。天王山の麓にある八幡の社(やしろ)へ着くと境内に一門の大砲が弾薬とともに打ち捨ててある。新撰組はただちにこれを占領して砲口を天王山に向け、つづけざまに発砲して開戦を挑んだ。

このとき山下は会津薩摩の軍勢でとりまき備えをたてる。神保内蔵助は兵を百名、新撰組からは隊長近藤が自ら沖田総司、永倉新八、原田左之助、井上源三郎以下五十名を引率し、おりからの炎天にいずれも甲冑を捨てて身軽になり、山上をめがけて進発した。

山ははなはだ高くはないが急峻な傾斜は登るに難いので山頂までの径路はさながら電光形に切り開いてある。攻撃軍はえいえいと声をあげて進むと、径路きわまって曲がる角に木砲（もくほう）と弾薬が捨ててあって付近に人影がない。さては長州勢山上にたてこもって一気に攻めかかる作戦とおぼえたり、かかれかかれと下知して攻め登り二、三丁して山上に達するかと思う箇所まで進むと、このとき山頂の一角に金の烏帽子（えぼし）をかぶった真木和泉が金切割（きんきりわり）の采配を右手にしてすくっとあらわれ、同時に二十名の決死の藩兵が和流の加重砲（大型の火縄銃のことか）をもってズラリといならんだ。そして和泉はキッと山下をみおろし、「討手の勢はいずれの藩なるや、いざ名乗ったうえで接戦いたさん。かくいうそれがしは長門宰相の臣真木和泉である」と声をかける。こちらは会津勢のなかから神保が、

「それがしは会津藩神保内蔵助」

　新撰組勢からは近藤が、

「それがしは近藤勇」と名乗りをあげる。すると真木は、よくは永倉らの耳に入らなかったが、なにやら朗々と詩を吟じ終わって「エイ、エイーッ」と喊（とき）の声をあげると、つづいて二十名の藩兵もワーッとこれに応じ、同時に手にした鉄砲を一斉に討手の頭上にあびせかける。このとき永倉は腰に井上は脛を射られて軽傷を受けた。「それッ」と両軍に「かかれ！」の軍令がくだってここに大合戦となり、長州勢も一時（いっとき）あまり奮闘したが、真木和泉は時をはかって、「ひけッ」と命令して陣小屋へかけ込んだと思うまに小屋はたちまち

火を発し、真木以下の勇士はことごとく火中に飛び込んで切腹して果てた。

「オオみごとのさいごなるかな」と会津藩も新撰組も一斉にこれを賞讃する。なかにも近藤は眼をしばたたいて真木の勇敢をほめてやまなかった。

火が鎮まってからこれら勇士の黒焦げの死体のなかに、直垂（ひたたれ）の袖の焼け残りと、切腹のみごとなのを発見しこれが真木和泉であろうと丁重にとりあつかった。天王の社にいってみると米が三千俵と黄金三千両奉納してあるので、米は山崎の農民と八幡の社に分け金子は会津の手におさめる。同勢はすぐさま大坂へくだり長州勢の蔵屋敷を攻めて老人女子供にいたるまで捕えて町奉行へひき渡し、本陣を西御堂に構えて長州勢の動静をうかがうと、ことごとく帰藩したことが判明したので京都へ引き揚げた。新撰組も七月二十五日壬生村へ帰って休養した。

六角の獄中大悲劇

三十三の英霊昇天

長州藩の犯闕軍が蛤御門、堺町御門、中立売御門の三カ所で最後の奮戦をおこなった七月十九日、兵火はついに京都市街の大半を焼き払ったことは前に記したが、これら兵燹のために奇禍をこうむったなかに、六角の獄につながれていたかの池田屋事件の捕虜やその他国事に関係した志士義人はこの火のためにいまだ裁判さえ確定しないのに、一挙三十三人まで刑戮せらるる悲しき運命に陥ったのである。

当日の朝六角の獄からのぞめば東の方にあたって砲声がとどろき、吶喊の声がするとみるまに火が起こり、もうもうたる煙が立ちあがってものすごい光景を現出した。同時にこの牢獄は幕兵二、三百の警戒するところとなり事態容易ならずみえたのである。しばらくすると東方の火はようやく下火になったが、ついで御所近くに火が起こってすさまじい焔や煙が南にほとばしり、ますますひろがってものの焼け落ちる音、砲声とあい和して響き渡る。獄中の志士はさては長州勢が目的をとげて獄中に討ち入ったのか、なにぶんにも闕下を焼くなどは不穏の挙動であるなどと噂しあった。

その日の夕暮には火の手が三条をすぎてますます猛烈をきわめ、夜に入っては炎々天を焦がす火勢を眺めて不安の一夜をすごしたが、二十日の朝になると煙が天地に満ち、朝日の色は銅のようににぶい。このとき獄吏は所司代の銃隊が京中を巡邏するのを敵と誤認して警備の兵と右往左往に騒ぎまわり、銃に弾丸を込めるやら抜身で獄外を走りまわるやらして大狼狽する。

兵火は依然猛烈をきわむるその日の午後のことである。数人の役人が槍を手にし獄吏を先にたてて獄房を調べはじめた。真っ先平野国臣(くにおみ)、横田精之(せいし)、大村包房(かねふさ)、本多素行などをひき出す。ついで彦山(ひこさん)の僧亮親(りょうしん)、成連(じょうれん)から同じく国事に奔走して幕府の忌諱にふれた三条卿の大夫(たいふ)丹羽出雲守、西三条卿の大夫河村能登守などが続々と出房し、最後に前月新撰組の手に捕われた古高俊太郎以下の長藩士残らずで総計三十三名がひき出された。ああこれらの志士が最後の模様は悲絶惨絶、とうてい書くにしのびない。

ややありて平野国臣の朗々たる辞世の詩が吟ぜられる。この朗吟がやむと刀声とともに断頭の響きがあった。二人三人とたえまもない断頭の物音がついに三十三人にいたってやんだが、このとき暮色騒然として四辺を籠(こ)めた。夜に入りて刑壇は人去り英魂は塵界より天に昇って護国の神となったのである。

六角の獄につながれた志士は勤王のこころざしあつい義人ばかりであった。幕府が長人の襲撃をおそれて倉皇(そうこう)刑戮してしまったのは惜しみてもあまりあることである。これは余談であるけれどもかの池田屋事件の終末としてとくに付記しておく。

第七章　近藤勇との溝深まる

長人とあやまって傷つけ
壮士ついに花と散る

芹沢鴨、近藤勇以下の浪士が上洛し再度の組織で生まれた新撰組が、京の内外に威望をおさめるまでには少なからざる犠牲と損失を払った。ことに最初の長州犯闕事件で人員を失うこと些少（さしょう）ならず、さしもに精鋭な新撰組も隊員の不足にはひとかたならず弱って、会津藩から柴司（つかさ）、辰野勇（いさむ）以下十名の応援を差し向けられた。

それは元治元年の九月某日のことである。東山の『明保野（あけぼの）』という料理茶屋に長州人二、三名潜伏しているとの密告に接し、新撰組から原田左之助、井上源三郎、沖田総司らに新入りの会津藩士や隊員ら二十名を付して召し捕りに向かった。例の通り『明保野』の表口も裏口も固めておいて不意に屋敷さがしをやると、それとおぼしき影だにない。一同意外の顔を見合わすおりしも、一人の侍が物陰から飛び出し塀を乗りこえて逃げようとする。それとみて追いかけたのは会津藩からきた柴司、

「なに者だッ、名乗れ」と声をかけたが答えがない。

司はこの日永倉新八から借りた手槍を持っていたが、問えども答えがないのでたしかに

長州人と見込み、電光のごとく槍を繰り出して侍の横腹を突き刺した。侍は突かれてはじめて声をかけ、

「ヤァヤァ人ちがいをして後悔あるな、身どもは土州の麻田時太郎と申すものなるぞ」

名乗られて司はおおいに驚き、

「これは意外千万、なにゆえあって逃げ隠れなどなされしや。こちらは長州人とこころえて突きかかりしものでござる」

「アイヤその長州人はすでに四、五日前に立ち去ってただいまは拙者一人この茶屋に旅宿いたしている」というあいさつ。

新撰組の連中はその場はそのまま引き揚げたが柴司は帰隊ののちも浮かぬ顔色をしている。それをみた永倉がいろいろ聞いてみると、じつはかくかくの次第で土州の侍を突いたが、この一事からあるいは会津と土佐の問題になりはしまいか。もしそのようなことにあいならば拙者は切腹せずばなるまいと思案にくれるのである。永倉はこれを聞いて、

「なに新撰組は斬り捨て御免となっている。おん身はいまは会津藩の人ではない。隊の人であるから心配することはない」となぐさめていた。

とかくするうちに会津藩の公用方から、司に至急帰邸するようにと使いがきた。藩では

家老の田中土佐以下の重役が気の毒でも柴司には切腹させねばあいなるまいということに決めて、司の実兄柴秀司に右のおもむきを伝えたのである。秀司は屋敷に立ち帰って司にこの旨を伝えると、司はとくに決心していたこととて兄に月代をたのみ、法にしたがってみごとに切腹して果てた。

近藤、土方、永倉なぞの隊員も遅ればせに司の最期を見届ける。それぞれ検屍もすんでから実兄の秀司が土佐の藩邸へ出かけ、

「御藩の麻田氏を突けるゆえをもって柴司は申しわけに切腹してござる」と申し入れると、同藩でも麻田が突かれながら帰邸したのは士道にそむくとあってこれも切腹を命ぜられた。かくして両人の死は会津と土州藩の感情を融和してことなきをえたが、なかにも会津肥後守は司の死を追惜し兄の秀司に百石の加増を賜った。近藤以下永倉らも柴司の死をもって士道の花と語り伝えたのであった。

隊長のわがまま増長し
永倉建白書を出す

新撰組はもと羽藩の志士清河八郎が建言のもとに幕府をして尽忠報国を標榜して募らせたいわば烏合の勢、熱をあたえれば一団となって櫛風沐雨の苦楚を嘗むるを辞さないが、一度冷むれば左右反目嫉視していがみ合う。なかにも近藤勇は蛮骨をもって鳴らしただけに、往々にしてわがままの挙動がある。彼は芹沢鴨の暗殺以来専制をほしいままにし、壬生の屯所にあっても他の同志をみることあたかも家来などのようにとりあつかい、聞かずんば剣に訴えるという仕儀に同志はようやく隊長近藤をあきたらず思うものが出てきた。脱走するか、反抗するか、隊員はいまや無事に倦んで不平に囚われ、感情を区々に弄してやがては壊裂をきたす前兆がみえる。

かくと着眼した副長助勤の永倉新八、斎藤一、原田左之助などがしきりになげき、もしこのままにして新撰組瓦解せんには邦家の損失であると観念し、調役の尾関政一郎、島田魁、葛山武八郎らとも語らい、六名とも脱退の覚悟をもって会津侯に建白書を出した。書中には隊長近藤の非行五カ条をあげ、まず藩の公用方小林久太郎に面会してだんだんと陳情し、

「右五カ条について近藤が一カ条でも申し開きあいたたば、われわれ六名は切腹してあい果てる。もし近藤の申し開きあいたたざるにおいては、すみやかに彼に切腹仰せつけられ

たく、肥後侯にしかるべくおとりつぎありたい」と熱心面にあらわれる。公用方は驚いてともかくも会津侯へとりつぐと、侯はただちに六名を居間に召され、

「そのほうどもの申すところ一応はもっともと承った。しかし新撰組は何人が組織したものであるか。もともと、近藤、原田、永倉などが申し合わせてできたものと存じておる。こんにち限りこれを解散いたしたとあっては、あずかりおく予の不明に帰するであろう。とくと考えてみるがよろしかろう」と説かれる。こういわれてみると、永倉らは互いに顔を見合わせ、なるほど会津侯の迷惑となってはすまない次第と心づき、

「それではこのまま帰局いたすでござろう」と答えた。侯は非常に満足して、

「このたびのことはこの場限りにいたせ。近藤をばなにげなく呼んで予も面会いたす。決して口外いたすまいぞ」とて、さらに近藤をその席に召され、七名に酒をくだされた。

上々の首尾で藩邸を辞した永倉らは近藤と同道して二条へさしかかるとあちらから同志の武田観柳斎がやってきて、永倉の顔をみるや、やにわに双刀を投げ出して、

「どうぞ拙者の首を打たれい」という。近藤も永倉も事の意外に驚いたが、事情はともあれ、途中のことでもありひとまず帰局いたそうと武田とともに屯所へ帰った。武田がかくの始末を演じたのは、武骨一片の近藤隊長にへつらい、「新撰組一派は貴殿のものである。

われわれは臣下として仕えるでござろう」などと平素とり入っていたが、このたび永倉などの硬骨連が脱退をも辞せぬ覚悟をもって廓清（かくせい）をこころみようとしたことを聞いての計略で、これが機先を制してたくみに永倉らの怒りを解こうとしたのであった。

かくて会津肥後守の一言で新撰組の瓦解が未然に防止され、隊内の同志も永倉らの廓清に満足し、ますます京都守護のことに精励するようになったのである。

公武離隔の論湧く

将軍家上洛の運動

すぐる日長州の藩兵が帝都において乱を構え、かしこくも闕下を騒がしたてまつったについて、江戸にある将軍家茂は御機嫌奉伺（ほうし）として上洛することとなったが、元治元年もはや十月というになんの音沙汰もない。そこでようやく輿論がたかまって将軍家の非を鳴らし、公武離隔の論をさえとなうるものがある。京都守護職の松平肥後守もことごとくの心配で、一日もはやく将軍家に上洛あるよう江戸へ急使を出す。新撰組もこの儀について隊長近藤以下が額を集めて協議した。結局、

「御老中に迫って将軍家を動かし御上洛をすすめることにいたそうではござらぬか」ということになって、隊長近藤勇、永倉新八、尾形俊太郎、武田観柳斎の四人が東下することに決定し、さっそくそのおもむきを会津侯に申し入れると侯はおおいによろこび、

「即刻出発いたせ」と同意した。

近藤以下四名はただちに早駕籠を仕立てて飛ぶような思いで江戸へ発足したが、桑名からは伊勢湾を熱田へ乗りこそうというので海路をとった。すると船出のときは晴天であったのが中途から天候ががらりとかわり、雷鳴豪雨あいついですさまじい大荒れとなってきた。吹いて吹いて吹きまくる勢いに船頭は力も根も尽き果て、

「旦那方これはとても助かりましねいだ。このぶんじゃ遠州灘へ出ましょうで」と投げ出してしまう。遠州灘へ出れば破船するのは決まっている。大事をひかえる近藤ら四名のものもついに観念し、死なばもろともと、有り合う縄で四名の身体を帆柱にしっかりと縛りつけ、運を天に任せた。

天幸いに四名の誠忠を嘉（よみ）してか、まもなく熱田まで漕ぎ寄せた。疲労を癒すひまもなく四名はふたたび早駕籠を飛ばして急げ急げと江戸をさす。東海道随一の関所箱根へかかると役人は容易に通しそうにしない。しかしこちらは「京都新撰組のものにして大御番取扱

の資格でござる」というので、うむをいわせず乗りこした。

京都から江戸へ三日目に到着し、小石川小日向柳町の近藤の自宅に乗りつける。翌日近藤勇と永倉、尾形、武田の四名は打ち連れて和田倉門内の会津藩留守邸へ出かけ、今回出府の用向きを述べ手続きなどを打ち合わしていると、そこへ、これも将軍家上洛をすすめる心底で同じく三日で京都から出府したという薩藩の西郷吉之助が来たり会した。

「オオ近藤氏でござったか。はからずもご面会をえて祝着に存ずる。拙者は大目付大久保肥前守殿に面会いたして大樹公（将軍）の御上洛をおすすめする考えでござる」

「それはなにより好都合の次第。しからばわれわれは御老中の松前伊豆守を動かすでござろう」と物語り、まもなく袂をわかった。

薩の英雄西郷吉之助と幕府方直参の蛮骨近藤勇のこの場の対面こそ、まことにおもしろき対照を生んだのであるまいか。小石川の近藤塾に帰ると永倉は、

「拙者はご承知の通り松前藩を脱して伊豆守御屋形へは出入りのかなわぬ身にござれば、さしひかゆることにする。また松前侯に面会いたさるるについては公用方の遠藤又左衛門に会わるるがよろしゅうござる」と注意した。

大樹公上洛を建言

新たに同志を募集す

脱藩の身であるから遠慮するという永倉新八を残し、尾形、武田の両人を同伴して近藤勇は小石川の自邸から松前伊豆守の藩邸へいく。公用方の遠藤又左衛門は近藤ら三人を使者の間に通して丁重にもてなして来意をたずねた。近藤は言葉正しく、

「このたび長州兵が禁闕を犯しまつらんと乱をこころみたるに、大樹公いまもって御上洛なきはいかがの次第でござろうか。京都の風聞を承るに、これがため公武離隔説さえとなうるものもいて、守護職肥後守もことごとくのご心配、よってわれわれ三名のほか、先に御藩を脱した永倉新八まで四名の同志が東下いたして大樹公御上洛の儀を願いたてまつる次第でござる」と懐中から建白書を差し出した。公用方はただちに右の建白書を松前侯の前へ披露すると、侯は書面をあずかり、三名のものに面会するというのである。

遠藤の案内で近藤ら三名が伊豆守に面会すると、侯は、

「はるばるのご出府ご苦労であった。建白書のおもむきは身どもより大樹公へ申しあげるであろう。じつは将軍御上洛の儀、こちらでもとり急がぬではない。しかし将軍家上洛と

あれば麾下(きか)のものどもへ支度料をくださらねばあいならぬ。その点もあるでのう」とはじめて上洛の容易にできぬ真相をもらした。近藤もかねてこの話を聞いていたので、

「なるほど公儀の御内帑(ごないど)の儀も承らぬでもございませぬ。しかし刻下の急務に際しそのような次第をとかく申しておられませぬ。大樹公御単身にて御上洛の御布令あらせられ、こころざしあるものを追従せしめると申されたならば譜代の臣下は支度料のお手当がないとて否やとは申されますまい」と、彼一流の建言をこころみた。伊豆守も勇の誠忠に深く感じ入り、

「将軍御前にはしかるべく申しあげるであろう」と約し近藤もおおいによろこんで辞し去ったが、日ならずして将軍上洛の実現をみるにいたり、将軍が参内して聖上の天機を奉伺したので公武離隔の議論もひとまず沙汰やみとなった。

　この近藤東下の理由については、幕末史などには長州親征を乞わんためで、薩藩の西郷が近藤と同じく江戸に運動したのもそれら暗中飛躍を意味すると書いてある。しかし近藤の真意だけは当初ともかくも天機奉伺として将軍の上洛を乞わん心底であったのだ。近藤勇、永倉新八、尾形俊太郎、武田観柳斎の四名の東下の目的はこうして貫徹されたが、当時の新撰組は人数不足で会津藩から補充されるほどの状態であったので、近藤は江戸で同

志を募集することになった。

京都の風雲急を告げたころから新撰組の名は膾炙（かいしゃ）されていたこととて、近藤が同志の募集を発表するやいなや、たちどころに応ずるもの多く、伊東甲子太郎（かしたろう）、鈴木三樹三郎、服部武雄、篠原泰之進、加納鷲雄（わしお）、中西昇、内海二郎、佐野七五三之助（しめのすけ）、新井忠雄、近藤芳祐、久米部沖見、志村武三など、平素勤王をとなえ、攘夷を叫ぶもの、あるいは真に幕府の走狗（そうく）となって登竜門をえようなどの誠意も野心も混同して、優に五十余の顔ぶれをえた。近藤はいちいち新撰組の法令を読み聞かせたうえで、これらの応募者に対して一致団結を誓約せしめたのである。

藤堂平助勤王のこと
伊東甲子太郎出現

近藤勇が永倉、尾形、武田の三名とともに東下するということが京都で協議された当時、四名に先立って急遽江戸へ発足したものがあった。それは副長助勤の藤堂平助である。彼は出府するやいなや草鞋（わらじ）も解かず、深川佐賀町に北辰一刀流の道場を開いている伊東甲子太郎という、武田耕雲斎（天狗党）と同藩の勤王家を訪うて密談にふけった。

伊東はもと常陸水戸のわかれ本堂親久の藩士で鈴木姓を名乗っていたのであるが、実弟三樹三郎とともに耕雲斎と親交を結び国事に奔走せんと藩を脱して江戸に出た。甲子太郎は学問もあり、武術もすぐれ猛烈な勤王思想をいだいておった点は、かの羽藩の傑士清河八郎とにかよった型で、深川佐賀町に道場を有する伊東精一という北辰一刀流の達人が病死するとともに、弟子たちに推されてついに伊東の名跡を継いだのだ。

近藤に先立って出府した藤堂平助とは永年の親友で、突然訪ねてきたと聞いて、なかば驚きながらも藤堂が心中を披瀝するのに耳を傾けた。藤堂は激越せる調子で、

役者にも珍しい美男子で江戸はもとより京にまで噂の届いた伊東甲子太郎、文筆にも秀でしばしば朝廷に国策を建言した

「われら前年かの近藤勇と同盟を結び京都に滞在いたしてなにがな勤王の微力をいたさんと存じおったが、だんだんと近藤の態度を勘考すると、彼はいたずらに幕府の爪牙（そうが）となって奔走し、最初声明した勤王のことどもはいつ目的を達することができるかわかり申さぬ。現に先般も同志のものが近藤の小成にやすんずるのを憤慨して脱退せるものも少なくない状態で、われらも

内々匙を投げているのでござる。よってこのたび彼が出府を幸い、彼をば暗殺して平素勤王のこころざしあつき貴殿を隊長にいただき、新撰組を純粋の勤王党にあらためたいと存じ、それがしは彼らに先立って出府いたした次第でござる」と打ち明けた。

甲子太郎は事の意外に驚きながらもまたよろこんで平助の説に同意した。そして近藤とはとにかく同盟して彼の同志となり、京都に着いてからわれらの秘謀を実行しようということに決定し密約をとげた。そこで日を経て滞府中の近藤勇が新撰組の同志を募ることを発表するや、甲子太郎はさっそく小石川の近藤塾を訪問し近藤に面会して、

「新撰組の勤王は真に王事につかうる主義の勤王論でござろうな」とたしかめた。真の勤王とは武田耕雲斎一派の唱道した過激な倒幕論や、そのころ南方の志士がとなえた薩、長、土連合の意味である。勇は伊東の一言に接してはやくも彼の心底を看破したが、さりげないていで、

「いかにも真の勤王でござる」と答えた。甲子太郎は、

「しからば募集に応ずるのみならず、実弟鈴木三樹三郎ならびに拙者の友人をも推挙いたすでござろう」と約して立ちあがった。

このとき新たに募ったもの五十名、近藤は自らこれを率いて十一月一日江戸を出発して

東海道を京都に入る。新勢力を加えた新撰組は威容さらに整い、幕府の要路をしておおいに意を強うせしめた。しかし隊長の近藤は伊東甲子太郎をみることほとんど危険人物などのようで、少しも油断せず、副長土方と意を合わして、まず彼の主張する三藩連合の意志をさぐろうとこころみた。

伊東兄弟優遇さる　山南法にふれ切腹

隊長近藤が東下して募った新勢力を加えるとともに新撰組は一革新をあたえられた。すなわち隊長、副長は従来の通りであるが、副長助勤をさらに組長と呼び隊士十名ずつをあずかり助役として伍長二名を付される。永倉は二番組長で伍長には伊東鉄五郎、島田魁の両名が選ばれた。ことに隊長の勇は、ある疑念をもって迎えたが、かの伊東甲子太郎には参謀という前例にない破格の優遇をあたえ、その実弟三樹三郎を副長助勤と同じ格の組長に任命した。これ伊東の文武にすぐれた人物なるに近藤が深く敬服した一証としてみられたのである。

ここに前年江戸において尽忠報国の浪士募集のみぎり、芹沢鴨、近藤勇、永倉新八らとこころざしを同じゅうした山南敬助は新撰組の中堅として重きをなしていたが、隊長近藤がだんだん尽忠報国の本旨にそむきいたずらに幕府の爪牙となって功名を急ぐのをかねてあきたらず思っていた。彼はもと仙台の藩士で武術も相応におさめ、ことに激烈な勤王思想をいだいた一人で、清河八郎、芹沢鴨、近藤勇などと肩をくらぶべき傑士であったのだが、勇が新撰組を掌握して以来、やや山南をはばかりうとんずる傾きがないでもなかった。しかるにこのたび参謀という客座の椅子に座った伊東ははしなくも山南の理想にかない、人物も貫目もたしかに近藤の上にあるとみて、一夜敬助は甲子太郎の議論を傾聴しことごとく敬服してついに一つの黙契ができた。そして他日おおいになすところあらんと相互に期待するにいたった。

　こうして思想のあい投合する両人がそののちしばしば談論を重ぬると聞いて隊長近藤はさらに猜疑の眼をもって彼らを迎えるので山南はついに意を決し、脱走をはかって江州の大津まで落ちのびた。近藤はこれを聞くより心中ひそかによろこんで、山南が法令にそむくのゆえをもって士道のうえから切腹せしめんと、沖田総司をやって追跡せしめ難なく山南を召し捕った。

沖田は山南を前川荘司の宅へ連れてきて近藤に復命する。そのとき永倉は伊東と連れだって前川の宅を訪問し、悄然たる親友の姿に暗涙をもよおし、

「山南氏、あとのことはわれわれが承知いたす。ふたたびここを脱走されてはどうじゃ」

とすすめると、彼は首を左右にふって、

「ご芳志はかたじけないがとても脱走しきれないと存ずるから、すでに切腹を覚悟してござる」と決心面にあらわれてみえた。

まもなく隊長近藤は副長土方や沖田、斎藤などの幹部連をともなってあらわれ、列座の面前へ山南敬助を呼び出し、

「新撰組法令に脱走を禁じ犯すものは切腹を命ずるよう規定してある。山南氏のこのたびの脱走についても法文の通り切腹を申しつける」とおごそかに申し渡した。山南は自若として、

「切腹を命ぜられてありがたきしあわせに存ずる」と色をもかえず、即座に黒羽二重の紋付に衣服をあらため蒲団をしいて中央に正座し、いならぶ一同にながながの交際を謝し水杯をかわしてねんごろに別辞を述べた。介錯は沖田総司にたのみ、言葉をかけるまで刀をおろすなという。そして静かに小刀をとりあげて下腹へズブリと刺し、真一文字にひきま

わし前方へ突っぷした。そのみごとさには近藤も、

「浅野内匠頭でも、こうみごとにはあい果てまい」と賞讃し、遺骸は神葬で壬生寺にあつく葬った。

ついに征長の命くだる

再征論幕命を早む

元治元年の夏、毛利長門守が藩兵を京洛に進め、みだりに砲門を開いて禁闕を騒がしたてまつった罪を問われることになって征長の命令がくだった。尾張権大納言慶勝（よしかつ）侯が総督、越前の松平茂昭侯が副総督として秋の十月二十五日大坂を出発して先発軍が進撃する。しかるに薩摩の西郷吉之助はつとに時勢を察し、海外を相手にして国歩艱難のおりからいたずらに内争をことととしているべきでないと深く意を決するところあって、征長総督尾州侯の深い信任あるを幸い、戦わずして征長の趣旨を貫くような術策をめぐらした。果たしてその計略が図にあたり、長州侯は罪を福原越後、国司信濃、益田右衛門介の三老職に科し、三人に腹を切らして謝罪の意を表した。

征長総督ももとより戦争は好まれぬ。すなわち膺懲（ようちょう）の実はこれであがったというので征長軍はひとまず引き揚げた。するとそのあとで幕府反抗の硬論をもっていた高杉晋作が同志を糾合して義軍を起こし、藩の軟論を一掃して明らかに幕軍に反抗の態度をしめした。のちの公爵山県狂介有朋は奇兵隊をひっさげてさかんに高杉に応援する。幕府はふたたび征長軍を起こすべきやいなやについて迷った。というのは開戦しても果たして戦勝をおさめうるやいなやは疑問である。ことに薩の西郷は再征は首尾一貫しない議論であると反対したので尾州侯はついにたたない。しかしともかく開戦論者が優勢で将軍家茂親征ということに決まり、大坂まで将軍の出馬をみるにいたった。西郷はこれをみて「幕府ももはや末である」と見限り、とうとう帰藩して藩論を定めおおいに勤王に尽瘁せんと決心する。これじつに他日薩長連合の端緒となったのであった。

禁門の変敗戦の責を問われ福原、益田とともに切腹した国司信濃、享年23

しかるに長州の国境に迫った幕軍は毎戦利あらず、滞陣長引くとともに士気も倦んできて敗戦の姿がいちじるしくなってきた。しかし撤兵の機会もないのでむなしく時日を待っている。一方には外国の軍艦が畿内の海に迫って開港条約の締結を急ぐ。朝議の結果（実際は無勅許）、横浜、箱館、長崎の三港を限り開港することとなり、おおいに勤王攘夷党の血を湧かしめたのもこのときである。同時に阿部豊後守（正外）、松前伊豆守の両国老が外人と兵庫開港の密約あることがもれて各藩志士の憤慨をひき起こすというようなありさまで、将軍家茂もこの内憂外患にはひとかたならず心痛し、ついに病のためとうてい職に堪えずとして辞表を闕下に捧呈し、大坂を去って東下の途にのぼった。

かくと聞いた会津肥後守はおおいに驚いてそのあとを追い、河内の枚方で将軍の駕籠に追いつき、親しく将軍に切諫したため将軍もわずかに意をひるがえしてそのまま京都に入ることとなった。このとき近藤勇も将軍の東下を聞いてにわかに将軍の駕籠を追い副長土方以下、沖田、永倉その他の隊士を率いて肥後守のあとにつづいたが、将軍は東下を思いとどまり入洛すると聞いて意を安んじ、またただちに将軍の駕籠を警衛して京都に帰ったのである。幸いにして将軍は罪を問われず、阿部、松前両閣老の職を褫いでようやく事がおさまった。しかるにまもなく将軍家茂は大坂の行営に薨去し、幕府の重臣らをして暗夜に灯火を失った思いをなさしめたのである。

将軍薨去して休戦

月夜三条橋の乱刃

将軍家茂薨去して長州との交戦を休み、荏苒日を長くした長州再征軍もようやく引き揚げるの機会をえた。これより先幕府では長州兵が禁闕を犯した罪を問うの兵を出すと同時に、京都の三条に大きな制札をたててその罪を鳴らすとともに、兵燹にかかった良民にもはや安堵いたせよという意味のことを書きしめしたのであった。しかるにそれが休戦となってもとりのけられぬので勤王のこころざしをいだく侍にはいかにもいまいましくてたまらない。ついに夜な夜な三条に出でて右の制札へ墨汁をつけたり短刀で削ったりする。

最初は与力や奉行所などで取り締まったが、だんだんと薩摩や土佐の藩士まで手を出すのでもてあまし、ついに新撰組へ取押さえ方をたのんできたので隊長は即座にひき受け、ただちに原田左之助、永倉新八の両組長に取り締まりを命じた。両人は取締役の新井忠雄、伍長の島田魁以下の隊士二十名をしたがえて三条橋へと向かう。そして日が暮れるとともに制札の下へ五名の隊士をしのばせ、橋の北方面には島田に一隊を授けて警戒させ、その他は原田と永倉が引率して橋ぎわの旅宿の二階に隠れ、一発の銃声を合図に打ちかかる手はずを定めた。

その夜は晴れた月の夜で蟻の這うまでもみえるようなよい晩であった。やがて十時ごろともおぼしきころ十人ばかりの侍が一団となって詩を吟じながら月影を踏んでやってきた。橋を渡り尽くすと吟声がヒタとやんだので永倉らはさてこそとよくみると、両三人の侍がやにわに制札の囲いに足をかけて制札に手をおろそうとする。それとみた永倉はすぐに合図の銃声を放ち身を躍らしてくだんの侍連をとりまいた。不意の襲撃に彼らはおおいに驚き、しかもそれが新撰組の隊士と知るや手向かいもせずバラバラと逃げ出した。

　そのうちの一人がもときたほうへいっさんに走り出したので永倉と原田が追いかけると、橋のかなたから島田魁の一隊が銃声を聞いてかけてきたので、たちまち挟み撃ちとなった。すると侍は身を躍らして鴨川の河原へ飛びおりたので永倉らもつづいて飛びおりる。かの侍はもうこれまでと思ってか三尺ばかりの大刀をひき抜いて向かってきた。この様子に、はやくも油断のならぬ敵とみてとった永倉も抜きつれて斬り結ぶ。月の光はキラキラと刃に映じてものすごき乱闘およそ半時あまり、原田と永倉ほか二、三の隊士もこの大刀の切っ先に微傷を負わされたが、とうとう相手を斬り伏せた。

　この侍は土佐藩の宮川助五郎というもので、つねに三尺の大刀を佩ぶる壮士であった。このとき身に四カ所の深手を負いながら「拙者の刀がもう二寸長ければことごとく斬り捨てしまったものを」とくやしがっていたが、ふたたび起つあたわざるを知って藩の目付役と自分の家来を呼び後事を托しなどした。新撰組からは町奉行へひき渡してしまう。それからまもなく三条小橋でも伊東鉄五郎が五名の隊士をひき連れてあやしき侍の逃ぐるを追いすがって奮闘し、苦戦しているという報告がきたので、永倉がかけつけてこれを斬り伏せ、同じく町奉行の手にひき渡した。この噂が京都に広まってまもなく、制札へ手をかけるものがなくなった。

第八章　新撰組乱れる

島原遊廓流連の日
永倉切腹をまぬがる

慶応三年正月の元日、新撰組の客将伊東甲子太郎は副長助勤の永倉新八、斎藤一のほか、腹心の服部、加納、中西、内海、佐野および実弟三樹三郎などをひき連れて島原の角屋へ繰り込んだ。当日は廓内一帯が休みであったので途中からあひる十羽を買い込み酒だけ支度させようというので登楼すると、なにしろ当時飛ぶ鳥をも落とす勢いの新撰組がきたというので、角屋では下へもおかずに機嫌をとり結ぶ。

まもなくあらわれたのは春の新装まばゆき装いを凝らした兼吉、玉助の両芸妓に半玉の小久、飲むほどに歌うほどに酒もまわり興趣ますますわいてきて伊東はついに輪違屋の花香（はなか）太夫、斎藤は桔梗屋の相生（あいおい）太夫、永倉は亀屋の小常（こつね）（のち永倉の妻）という芸妓とおのおの馴染みの女を呼び、羽目をはずして騒ぐおりしも隊から二十人ばかりの同志が来合わせ、たちまち大一座となった。

廓内随一の旗亭（きてい）は元日というのに、こうして壮士の放歌乱舞にその日も暮れようやく帰隊の門限が近づいてきた。かねて新撰組では隊士の放縦を防ぐ手段として刻限に遅れたものは処分することになっていた。すなわち役あるもので犯すときは切腹と厳重に申し渡してあるので、隊士の多くはいずれも門限に遅れずと帰局した。永倉も斎藤もいいかげんに酔ってはいたが、そこに気がついて伊東に向かい、

「先生もはや刻限でもござれば帰局いたさねばあいなりますまい」

「イヤ御両所、今宵はいつになく泥酔してござる。この酔心地で武骨な隊に帰るのも興がない。あとのところは拙者がひき受けるによって今宵はここに飲み明かそうではござらぬか」と、伊東はなかなか帰りそうにもない。

永倉と斎藤の両人もめずらしく酔うたこととて伊東に万事を任せてついにその夜は帰らなかった。二日も朝から飲み通して、

「どうせわれわれは切腹する身であるからこの世の思い出に思いきり飲もうじゃないか」

と、伊東の発議で酒に暮らし、三日になっても、

「今宵ももう遅い、飲み明かそう」と果てしがない。四日目になると隊長の近藤から使いがきたので、早々帰局すると、三人の姿をみるより近藤は満面に怒気をふくみ、

「おのおの方は法令を承知でござろうナ」

「存じております」

「追って処分をいい渡すことにする。そのあいだは伊東氏は拙者の居間に、斎藤氏は土方副長の居間に、永倉氏は別室で謹慎いたされてよろしかろう」とおそろしい権幕。

しかし伊東も永倉も腹のうちでは、近藤がたとえわれわれの切腹を強ゆるとも隊士が承知しまい、とたかをくくっているからあえて驚かない。一方近藤は先ごろ会津家に直訴以来永倉にふくむところあったので、このたびの罪一に永倉にありというので会津侯へ陳情し永倉一人に切腹させようと決心して出かけようとすると、副長土方はそれとみてとり、「隊長、永倉一人を罪するのは片手落ちでござろう。切腹させるなら三人ともに切腹させなければ、たださえ分離の気配のあるこのごろ、隊士の思惑も考えてみなければなりますまい」と切諫してついに近藤の決心を思いとどまらせた。かくて伊東と斎藤の両人は二、三日経つと、「つつしみ御免」となり、永倉は同じく六日経ってから赦された。近藤と永倉のあいだにできた溝はこうしてますます深くなっていった。

西本願寺境内の調練

伊東別居を申し出ず

慶応三年も三月となれば尊王攘夷の論をとなえて飛躍した倒幕の志士がたくみに薩、長、土の連合を結び、いつ突発して幕府の非を鳴らさんもはかりがたい形勢となった。新撰組も万一を予期して隊士を練り調べる必要から、現在の屯所は狭くていかにも不自由を感ずるので、一日、副長土方は永倉とあいたずさえて西本願寺を訪問し、「新撰組の屯所として学林を拝借願いたい」と申し入れた。

西本願寺の公用人は考えた。過般長州兵の京都へ乱入したとき、門主が長州兵を本堂の縁の下にかくまい、会津兵と新撰組隊士の発見するところとなって、すぐに西本願寺を焼き払われようとしたが、このとき門主から「後日なんなりとも用を達して罪を謝するからその儀ばかりはご容赦にあずかりたい」と哀願してまぬがれた言質がある。されば学林くらいは貸さねばあいなるまいと思いついたので、

「いかにも承知してござります。だが一応門主の許しをえてまいりますによって、しばらくおひかえを願い申す」と奥のほうへ去る。門主は山内の学林を新撰組へ貸すことは実際閉口するところで、いろいろとことわる口実を設けようとするのを公用人はしいて説得し、「あの当時焼き払われたとおぼしめせば、こんなことぐらいなんでもございませぬ」とむりやりに門主を承諾させ、土方と永倉にその旨を通じた。

そこで翌日からさっそく準備にとりかかり、五百畳も敷ける学林を大工の手でいく間かに区画する。本堂との境に竹矢来を結んで勝手との往来を仕切り、湯殿（ゆどの）から牢屋の果てまでできあがってまったく整頓されるや近藤隊長以下、伊東参謀などことごとくひき移る。練兵場は門内の大広間で、長沼流の兵法をよくする武田観柳斎が指南役となり毎日調練がはじまる。会津藩からは大砲二門交付されて漸次オランダ式の調練もはじまる。なにしろ大砲がめずらしいので毎日二門ずつ強薬にして突然発砲するという騒ぎ、隊士は勇ましい砲声になおもつづけざまに発砲するが驚いたのは西本願寺の門主で、すさまじい砲声に極楽の瞑想がたちまち破れて蒲団のなかへもぐり込んで息を殺し、大病人のようにふるえながら公用人を呼び、

「大砲の調練をやるならば前日にことわってからにしてもらいたい」と新撰組に交渉させた。隊士のほうではこれをおもしろがってなおも発砲をつづける。音響が激しいのでときどき本堂の屋根瓦がガタガタと落ちてくる。こんなことが毎日なので門主はもてあまし、とうとうほかに新撰組の屯所を建ててそこへ移ってもらうよりほかあるまいなどと考慮するようになった。

一方には江戸で藤堂平助と秘密の謀策を企てた伊東甲子太郎、入隊以来近藤の隙を狙っ

て新撰組から葬ろうとしていたがその隙がない。そこで伊東は一日近藤の前に出て、「さて近藤氏、つらつら形勢を考うるに長州は先に幕府に征長軍を向けられてから徳川幕府をうらむことはなはだしく、近ごろ容易ならぬ計略さえめぐらしているように聞きおよぶ。よって拙者は長州藩へ間者にしのび入り、とくと内実をさぐってみようと存ずるのである。それにはただいまのような新撰組におっては不便でござるによって、しばらく同志と別居いたさずばあいなるまい。ご貴殿はこれにご同意くださるまいか」と膝を進ませた。

伊東派の東山別居

斎藤一いつわって同居

伊東が近藤自身のために不利益な陰謀をいだいているとは、伊東の入隊当時からつとに近藤の看破するところであった。このたび伊東が長州へ間者におもむくについて別居したいと申し入れたときも、近藤ははやくも意のあるところを察知したが色にもあらわさず、「なるほど、拙者も長州藩の内情をさぐりたく存じていたところである。幸い貴殿がさぐられるにおいては、ねごうてもないしあわせに存ずる。それにしてもいずれへひき移らるるご所存かな」

「されば拙者の考えでは東山の高台寺にいたそうかと存ずる」

「いかさま、委細承知いたした。して貴殿お一人でいかれるか」

「イヤいろいろと手段もござれば拙者のこのたびの計略に必要な同志だけを連れてまいろうと存ずる」とて、実弟三樹三郎、新井忠雄、高野十郎、毛内有之助（もうないありのすけ）、井端三郎、木内峰太、篠崎新八、加納鵰雄、服部武雄、内海二郎、中西昇の十一人を指名し、とくに「藤堂平助はぜひともやってもらいたい」と述べ、

「このほかに永倉氏か斎藤氏を拝借いたしたい」

「しからば斎藤氏をお連れくだされても苦しゅうござらぬ」と近藤は快諾した。

斎藤一は剣術の達人であったので、伊東は永倉か斎藤かといったのだが、斎藤は近藤の腹心のものである。そこで勇は斎藤に「伊東の真意をさぐってもらいたい」といいふくめ、彼は一諾のもとに伊東らとともに行動をともにすることになった。最後に近藤は、

「伊東氏さらばでござる。ずいぶんとご油断なく、また今後はわざとお互いに往来においてもあいさつはかわさぬことにいたそうぞ」といって別れた。

東山の高台寺に去った伊東一味は、まもなく薩州の大久保一蔵（利通）に款（かん）を通じ彼の

いわゆる真の勤王にしたがうべく行動を開始した。そして間がな隙がな近藤勇をつけまわして、彼を一刀のもとに葬り、新撰組を幕府の爪牙から脱出せしめて主義ある勤王党にしたいとはかった。ついで大久保の周旋で伊東は山陵奉行戸田大和守に属し、御陵衛士となったので高台寺の門前へ「御陵衛士屯所」という標札をかかげた。

「さておのおの、かねて打ち合わした近藤勇殺害のことはまだ果たし申さぬが、時勢がこう勤王派に有利にあいまってまいれば、一日もはやく新撰組をわれわれの手に入れねばあいならぬ。それにはまた一日もはやく近藤を葬らねばならぬが、いかがいたしたものでござろう」と、伊東はある日ひそひそと同志と相談していると、このとき近藤の旨を受けて高台寺に起臥している斎藤一が進み出て、

「先生、近藤を殺すには拙者一人でかたづけてお目にかける。拙者はなんどきでもひにんに化けて新撰組の門前に打ちふし、近藤の外出を待って仕込杖でただ一撃に殺そうと存ずる。だが近藤もきこえた腕達者でござれば、斬られながらも拙者を抜打ちといたすであろう。さすれば身どもも一緒に斃れてしまうことはあらかじめご承知ありたい」といった。

伊東はおおいにそのこころざしを壮なりとし、

「万一のことがあれば貴殿の菩提は立派に弔い申す」とて、その月の二十二日に決行する

ことに相談一決し、その夜は万端の手はずに夜をふかしたのであった。

勇の武運いまだ尽きず
物陰から電光一閃

近藤勇を暗殺せんと斎藤一に万事を任せた伊東甲子太郎は惜しむべし慶応三年秋、桐の一葉と散る運命に際会した。まんまと伊東の真意をさぐりえた斎藤は、勇暗殺の当日に先立つこと三日、ひにん姿となって新撰組の屯所たる西本願寺の門前へやってきて、ひそかに門衛に永倉新八に会わしてくれとたのんだ。永倉がなにごとかと出てみると、かねて隊長からたのまれた大事を話したいから、向こう側の隊長の妾宅まで近藤を連れてきてもらいたいという。永倉は委細承知と右のことを近藤に通ずると、近藤はさっそく副長の土方や沖田総司などと妾宅へやってきて斎藤と面会した。斎藤は声をひそめて、

「隊長の内意を受けて高台寺に起臥すること六カ月、ようやく伊東の心底を見抜いてござる。その次第はかくかくの相談……」と、結局きたる二十二日拙者が近藤氏を斬るを合図に伊東一味のものは西本願寺学林にいる新撰組の幹部を殺害し、隊士を説得して同志にす

ること、すなわち真の勤王党として伊東の幕下にしようとするといっさいの秘謀を打ち明け、

「もはや猶予はあいなり申さぬ。さっそく手配あってしかるべし」と驚くべき報せをもたらしたのである。

近藤はこれを聞いて、かねて期したることではあるが、いかにして伊東を葬ろうかとしばらく考えていたが、ふと思いついて、

「イヤ斎藤氏の苦心に深く拙者の感謝するところでござる。それにはちょうどよいことがある。今朝ひさしぶりに伊東が訪ねてまいって、長州へ間者に入り込むについて金子三百両借用したいとのことであったが、このうえは右の金子をあい渡すといつわって伊東を呼び寄せ、その途中で暗殺しようではござらぬか」と相談した。一同それがよろしいと、なにげなく伊東のもとへ使者をたて、

「今朝お申し入れの金子三百両、今夜お手渡し申すによってご来訪ありたい」といってやる。

かかることとは知らないから伊東はおおいによろこんでその夜四名の同志をひき連れて近藤をその妾宅へ訪ねていった。近藤はこころよく面会して、

「これはようこそみえられた。金子は会津藩よりまだまいり申さねど、追ってまいるはず

であるから酒など召されてしばらく待たれよ」と歓待する。

その夜は薄月夜であった。胸中の毒を秘して伊東をいつになくもてなした近藤は、大石鍬次郎（くわじろう）、宮川信吉、横倉甚五郎の剣士を七条通り油小路下るところへ伏せ、夜のふくるを待って、

「さて伊東氏、今夜必ず会津藩から金子を届くるはずであったが、都合によって明朝にのばすと申してまいった。ご依頼の三百両は明朝当方からお届け申すでござろう」というと、伊東は、

「さようでござるか。しからばこのまま立ち帰るといたそう。おもてなしにあずかりあつくお礼申す」と機嫌よく立ちあがった。

薄闇の京の街を七条油小路までさしかかると、待ち伏せした宮川が大刀を抜いて躍り出で、真っ向から伊東に斬りかかった。最初の一太刀は伊東に身をかわされて打ち損ずる。伊東も腰の一刀をひき抜いて「ご冗談召さるな、ご冗談召さるな」といいながらジリジリあとへさがった。このとき物陰から電光一閃、前方へ気をとられた伊東の横顔へ斬りつけたものがある。「アッ」というまもなく伊東は左の耳からあごへかけて十分にあびせられて即死をとげた。斬ったのは大石鍬次郎であった。

提灯片手に若い女
高台寺包囲される

とっさのまに伊東甲子太郎が斬り倒されるとみるや、高台寺からついてきた四名の同志はすわというちに逃げ散った。こちらは大石、宮川、横倉の三名は伊東の即死を見届けるとともにすぐさま西本願寺の学林にひき返し、隊長近藤へ首尾よく討ち果たしたと報告した。

近藤はにわかに永倉新八と原田左之助の両人を呼んで、

「ご両所、かねて新撰組のためにけしからぬ陰謀をいだく伊東甲子太郎は先刻斬り伏せてござる。死体はそのまま七条の油小路に捨てておいてあるによって、追って高台寺の面々がひきとりにまいろうと存ずる。さればこの機会を利用して伊東の一味を絶滅せんと存ずるによって、これから七条へ同志二十人をひき連れてご出張願いたい」という。

夜のふけた油小路に横たわった伊東の死骸は近藤と土方と沖田の三人の手で七条の四角(よつかど)の中央へ運ばれた。そして東山の高台寺へ伊東横死の次第を急報した。

これより先高台寺の面々は伊東が惨殺されたにつき一室に集まって密々協議していたのであった。一方永倉と原田は要所要所へ隊士を伏せ、角の蕎麦屋を借り受けて、二人は油断なく人やくると見張っていた。薄曇りの月影はむごたらしくも朱に染まった勤王志士の遺骸の上へ鈍い光を投げている。

やがて亥の刻もすぎようとするころであった。油小路のほうから提灯をもった若い女がやってきた。永倉はふしぎな女よとまたたきもせずにみつめていると、女はあたりに人なきをうかがって伊東の遺骸のそばへつかつかと寄り、

「まァ伊東さんはとんだめに」という声はまさしく甲子太郎が馴染みを重ねている輪違屋の花香太夫の召使で、さすがに女気のホロホロと涙をこぼしてまもなく、もときた道へひき返した。

永倉は、

「うむ、いまの女は高台寺の連中に命ぜられてこちらの様子をみにまいったのだぞ」と原田にささやいて刀の目釘を湿していた。すると果たして七、八人の侍が駕籠を吊ってやってきた。ものいう声も静かに遺骸のそばへ駕籠をおろし、二、三人がかかえて伊東の死体を駕籠のなかへ入れようとする。とたん原田は手にした鉄砲を一発放って合図をする。同

時に二十人の隊士が抜刀でひしひしと包囲しようとすると高台寺の面々こりゃ敵わぬとわれ先に逃げ出す。残ったのは毛内有之助、服部武雄、藤堂平助の三人いずれもスラリと腰の一刀を抜き放って、一方の血路を開こうとする。

服部には原田、岸島、島田の三人が左右から打ってかかるが、なかなか鋭い服部の切っ先には三名ともややもてあまし薄手さえ負うている。原田はおおいにいきりたつ。大刀をふりかぶるとみせてとうとう服部を突き殺してしまう。四方を固められて逃げ道を断たれた藤堂平助はやにわに永倉新八のほうへひき返してきた。しかし永倉はかねて近藤から、「藤堂は伊東と同盟はしているがまだ若い有為の材であるから、できるならば助けておきたい」といわれていたので、それとみて藤堂をやりすごした。情けある旧友のこの振舞いに藤堂はつと身を七条のほうへさけたので、永倉はなおもその行方を見送っているとこのとき同志の三浦常三郎が、イキナリ藤堂を追っかけてそのうしろからサッと斬りつけた。

七条に白刃閃く
脱走の志士屠腹す

「ヤッ」と一声うしろから三浦が斬りつけたのをさける暇もなく、あわれ藤堂平助は袈裟掛けに背を割られたが、さすがに藤堂は斬られながらも手にしていた一刀をうしろざまにふりまわしたので三浦は両膝を斬られた。このとき毛内有之助は同じく七条さして逃げ出したので永倉が追いかけ、やにわにうしろから一太刀あびせる。つづいて西岡万助が斬りつけんとすると毛内はふり返って西岡のあごを斬ったが、「エッ」と風を生じた西岡の太刀先みごとに相手の胴に入って血煙立てて即死した。

近藤はそれとみてただちに隊士をひきまとめて四名の死骸をかかえてひとまず西本願寺の学林へ引き揚げる。高台寺の面々はその夜のうちにいずこともなく逃げて跡を晦(くら)ましたので四名の遺骸は新撰組で壬生寺へ葬った。藤堂を斬った三浦は膝の傷はいたって浅かったのであるが、三浦はかねて藤堂には大恩ある身、いかに隊長の命であるとはいえ、恩人を斬ったというのでひどくこれを苦に病み、ついに神経病を併発して死んでしまう。伊東一派はこうして離散した。

この騒ぎと前後して新撰組の調役茨木司、隊士中村五郎、佐野七五三之助、富川十郎の四名は勤王の素志やみがたく脱走を企てて果たしえず屠腹して主義に殉じた。右の四名は平素伊東甲子太郎の勤王論に心服していたもので、先に伊東が新撰組と離れてから隙をみて高台寺へ走ろうと考えていたが、ついに一日袖をつらねて会津藩を訪ね、公用方の小森数馬に面会して、

「われら四名は勤王の素志を有し新撰組へ投じたものでござるが、近藤隊長の挙動をみるに当初尽忠報国の銘を打ちながら、毫も勤王のことをいたさぬのはわれわれの主義に反する次第であるから、これより新撰組を脱したく存ずる」と述べた。小森はそれを聞いて、

「これは意外のことを承るものかな。会津家も新撰組も勤王の思想にはかわりござらぬ。いまさら勤王の主義に反するとは、近ごろ心得ぬことと存ずる」こういわれると四名はハタと当惑した。行きづまった様子をみて公用方はともかく新撰組へ帰られたがよいというので近藤を迎えにやる。近藤はなにごとやらんときてみると右の始末なので、あらためて四名に向かい、

「なにごとも一応帰局したうえで相談することとしよう」と沖田総司、大石鍬次郎を先に玄関へ出た。

すると茨木はじめ四名はいきなり使者の間へかけ込むよとみるまに諸肌押しぬぐととも
に小刀でみごとに割腹した。「アッ」と近藤以下が驚いてつづいてその部屋に入ったとき
はもう遅かった。このとき入口に近く座を占めていた佐野は、平素憎んでいる大石が血相
かえて飛び込んでくるのをみて、自分の腹に突き立てていた小刀を抜きとるよりはやく大
石の膝に斬りつけた。大石は斬られながらに腰を捻って抜打ちに佐野を斬る。使者の間は
碧血(へきけつ)漂うて眼もあてられぬ狼藉。まもなく四名の遺骸は駕籠で新撰組の屯所へ収容した。

新撰組屯所の新築

与力頭取暗殺さる

新撰組から分離した伊東甲子太郎一味の陰謀未然に破れて処分がすんだころ、学林を貸
しておおいに閉口した西本願寺門主から、七条堀川下ルところに新築した屋敷を提供して
きた。正門から玄関から間取りまで堂々たる諸侯の屋敷にくらべても遜色ない立派な建物
である。門主が例の大砲の音に閉口して敬遠の手段に出たのはいうまでもない。これには
近藤も苦笑をもらした。

ちょうどそのころ慶喜将軍上洛の報が伝わるとともに大坂の米相場が暴騰しはじめた。京都や大坂の細民は大恐慌で飢饉にでもあったような騒ぎ。したがって将軍上洛をよろこばぬようなのが多くなって、ただえ薩、長、土の流言蜚語(りゅうげんひご)が陰険(いんけん)の度を加えてくる。新撰組でも一再ならず町民の苦痛を耳にするので奇怪千万のことであると、隊士山崎烝を町人に化けさせ大坂へ探偵として入り込ませた。

堂島で山崎がそれとなくさぐってみると、与力頭取の内山彦次郎という長州系のものが倒幕党の旨を受けて相場を引き上げていると判明する。武力中心の当時とて大商人も圧倒的に（内山から）引き上げを命ぜられるので米の値はあがる一方である。そして内山自身もまた幕府方に敵意をもっているだけかねて刺客の襲うくらいのことは覚悟しているとみえ、居宅は厳重に取り締まり、居間の床の間には掛物の裏の壁をくり抜き、いざといえばいつでも密室へ抜けられるよう出口をもうけているので、容易なことでは斬り込めぬ。これでは内山が奉行所へでも出勤の際に襲うよりほかあるまいと、山崎はさっそくひき返して近藤隊長に委細を報告した。

近藤はしからばというので自身に副長土方、沖田総司、永倉新八、原田左之助、井上源三郎、島田魁など、約十名ほどの腕達者を選抜し、しのびやかに大坂へくだり京屋忠兵衛方へ落ち着く。ところへめざす内山は出勤の往復とも天神橋を通ると聞いて、それッと、手はずを定めその帰途を擁することに決めた。

内山は外出のときは必ず剣客と力士を両名ずつ駕籠側に備え万一を警戒していた。その夜は職務が多忙で四ツすぎ（十時）にようやく奉行の門を出たが、かねて出してある見張りがかくと京屋忠兵衛方へ注進があったので、ソレとばかりに近藤以下の志士が天神橋の左右に待ち伏せした。闇にすかしてみると急ぎ足の駕籠が一挺いましも橋のたもとへかかってくる。まぎれもない内山とみてとるや、左右からバラバラと躍り出した志士の白刃に、あなやと驚いた警護の剣客も力士も逸足（かけ）出して逃げ出した。左から進んだ土方がまず駕籠のなかへ一刀を突き刺すと、「アッ」と叫んで右の戸から内山がころげ出した。すると右から進んだ近藤が一刀のもとに内山の首を打ち落とした。おりからかなたから人のくる様子に最初内山の首を晒（さら）しものにしようと用意したのであったが、みられてはことめんどうと、近藤は紙のはしへ「天下の義士之を誅（ちゅう）す」と記して死体の胸の上におき一同その場をくらました。

そして京都へ引き揚げてから内山暗殺の次第をくわしく書面にしたため、「士風振興のため内山を改易せしめらるべく候」と付記して老中の表門へ貼り札した。時を経てこれが新撰組の所業と知れ細民は非常にこれを徳とした。

紀藩の知恵ぶくろ三浦
志士に襲わる

慶応三年の秋、薩、長、土の連合なって幕府を倒そうという南方の志士が続々と京都に入り込む。ここに紀州侯は徳川御三家の一人としてもとより佐幕党の中堅となり勢威京洛にふるうたのでたちまち倒幕志士の怨府となった。ことに紀州藩の才物三浦休太郎は藩の公用方として知恵袋と呼ばれただけ「三浦屠るべし」と薩、長、土の志士のうかがうところとなり、いつ刺客の襲うやもはかられぬありさまとなった。

そこで紀州侯もおおいに心痛し、ある日侯から新撰組に使者をよこして近藤にきてくれというので、近藤はさっそく興正寺なる侯の旅館へいってみると、

「公用方の三浦がかくかくの次第であぶないから彼の身辺を保護してもらいたい」との依頼である。近藤は委細承知してひきさがり、隊へ帰って一同を集め紀州侯の希望を物語り、

「拙者の考えでは三浦休太郎個人といたせばあい構わぬが、彼死せば紀州藩の帰嚮に大な

る蹉跌を生ずるのであるから、われわれは国家のため彼を助けたいと存ずるが、いかがなものでござろう」というと、一同もっともなことというので即時隊士の大石鍬次郎、中村小次郎、斎藤一、中条常八郎、梅戸勝之進、宮川信吉、蟻通(ありどおし)勘吾、舟津鎌太郎、前野五郎、市村大三郎の十名を三浦の旅館なる天満屋へ向ける。休太郎の居間は中二階の八畳二間で、自分は奥の部屋におり次の間に新撰組の隊士がひかえて大小刀を離さず、スワといえばいつでも躍り出す準備をしていた。

そうと聞いた薩、長、土の志士はますます三浦を刺さねばならぬというので、選り抜きの剣士を二十名ばかり集めて差し向けることになった。ある日の夕刻、三浦は警衛の隊士と酒をくんでいた。このとき表口へきたのは土州の志士中井庄五郎で、「たのもう」と声をかけ、取次に出た三浦の家士三宅清一に向かい、

「三浦氏は在宿かナ、在宿ならば、案内してもらいたい」ともの なれた口上に三宅はなにごころなく、「在宿でござるが、しばらくお待ちを」とあいさつして二階へあがり、襖越しに頭をさげ、「申しあげます、ただいま表に……」とみなまでいわぬうち、つづいてあがってきた中井がうしろから襖を蹴飛ばして疾風のようにかけ込み、正座にすわって杯を手にする三浦をめがけて斬りつけた。

「それッ」というので隊士一同はね起きて三浦を庇護するおりしも二十人ばかりの志士が躍り込み、狭い二階はたちまち乱闘喧囂（けんごう）の巷となる。三浦は中井の最初の一太刀に右の頬を斬られたが、隊士のささえる隙に屋根伝いに逃げてしまう。天満屋は入り乱れての大格闘となった。

　斎藤は二、三人をひき受けて得意の突きでバタバタかたづける。梅戸は大力の志士にだきつかれてひき倒され他の一人に斬られる。若年の中村小次郎は土州の侍とひき組んで二階からころげ落ち池のなかへザンブとはまったが、土州人が下になったのでたちまち咽喉をえぐると、池の端には五、六人、小次郎のあがってくるのを待っているので、小次郎は池から躍りあがりざま、

「じんじょうに勝負をやろう」と叫んで斬り結ぶ。中条が一人斬り捨てると、宮川信吉が乱刃のもとに倒れる。急を聞いて永倉新八、原田左之助などかけつけたときにははやくも志士が逃げ去った跡であった。助けられた三浦休太郎は後年貴族院議員として令名のあった三浦安（やすし）である。

第九章　鳥羽伏見の奮戦

慶喜大政を奉還す　永倉愛児と別れる

新撰組が小康に日を送るうちに天下の形勢は一変して徳川幕府は事実において倒れ、大政奉還、将軍職辞退という悲運に瀕してきた。幕府の柱石と仰がれた会津肥後守も薩州と離れて以来朝廷の実権を失い、京都守護職とは名のみ薩兵や長兵の跋扈を傍観せねばならぬ破目となった。

慶応三年も押しつまった十二月九日、二条城にいる慶喜将軍へ勅使として三条公を差し向けられるとの通知があった。護衛は薩州の兵とある。当日二条の城は会津の藩兵五百、幕府の見廻組、それに新撰組を加えて警護することとなったがついに勅使は沙汰やみとなった。この日宮中には勤王の公卿諸公から薩、長、土、肥その他の藩侯、薩の大久保、土の後藤など倒幕派の重立者（おもだちしや）が王政復古の大議にふけり、維新の革命は刻々に進みつつあった。翌十日のことである。慶喜はにわかに二条城をたちのき大坂城に入った。

ナポレオン三世より贈られた軍服を着た徳川慶喜、機先を制して慶応3年秋大政を返上した

ついで十一日、会津公用方から新撰組へ達しがあり、七条堀川の屯所をひき払って大坂へくだるようとのことである。むろん形勢が形勢なので出陣の用意で発向すべしとは隊長近藤の命令であった。夜の明けきらぬうちから局の内外は大混雑のおり、七条の一帯は薩、長の兵で固められ内外一歩も踏み出せぬとの報告がある。ところへ永倉新八がかねて馴染みを重ねていた島原遊廓内亀屋の芸妓小常が、かねて永倉の胤を宿していたがその年の七月六日に一女お磯を産んで以来、産後の肥立ちわるくとうとう落命したため、お磯は祇園の大和橋にいる小常の姉へあずけたからという知らせがあったので、永倉は不憫と思ったが大事をひかえる場合とて局の小使いに旨をふくめて松原通りの新勝寺へ小常の遺骸を埋めさせることにした。すると急を聞いて乳母がお磯を連れて永倉へ面会にきた。しかしともこの混雑中で面会もかなわぬため門前の八百屋へかけ込み、奥の一間を借りてあわただしく父子の対面をした。このとき乳母は涙ながら、

「できることならばこの子のために、あなたにひきとっていただきたいという小常さんの遺言でした」というのだったが、なにぶんにもいま出陣ともいう間際にそんなこともしておられぬので、

「ここに五十両の金がある。これを渡しておくから江戸の松前藩邸内永倉嘉一郎方へ送り

届けてもらいたい。またこれなる巾着は伯母の遺品で嘉一郎（伯母の子）が存じているはずだからきっとこの子をひきとる。ああ父子の初対面だというのに、もはや生死のほどもおぼつかない出陣である。どれ別れの盃をしよう」と永倉は多年殺伐になれた身でもさすがに恩愛の涙に暮れるのであった。

さらばと幾度かうしろ髪ひかるる心地するのをふりきって永倉は屯所へひき返し、その日の暮れ前に七条堀川の屯所を同志とともに出発して大坂に向かった。落ち着いたのは北野天満宮の境内、隊長近藤はただちに城内の会津侯へ到着の次第を届け出ずると、新撰組は伏見一円を固めよとの命令である。かくて新撰組は北野から伏見へと繰り込み、会津藩の林権助、倅又三郎の率ゆる三百名、幕臣竹中丹後守、松平豊前守の率ゆるフランス伝習隊五百名の応援隊と合しひしひしと伏見一円を固め守った。

新撰組伏見をかたむ
隊長近藤狙撃さる

伏見一円を固める新撰組の本部は奉行所におかれた。当時大坂城内では薩長の横暴をいかって主戦論をとなうるもの、時勢を達観して平和論を固辞するものとの論議で、毎日の大評定が開かれる。しかし肝腎の慶喜将軍はつとに隠退を決心していたので結局平和論が勝ちを制したものの、薩長が朝廷の権をみだりに利用し幕府を圧迫するので、佐幕の有志は悲憤の極に達したのである。けれども大勢はいかんとも致し方がない。薩長の手には「無断退京」のゆえをもって倒幕の密勅が握られているのだ。

さるほどに慶応三年も余日なく四、五日で年も暮れようというとき、新撰組では伏見市中を警備の目的で隊士をして巡邏させると、ときどき傷を負うて帰ってくるので副長土方が不審を起こし、永倉新八に一応市中をまわってみてくれとたのんだ。そこで永倉は夜の十時ごろ、隊士を十人ばかり率いて出かける。島田魁、伊東鉄五郎、中村小次郎など一騎当千の壮士が、あやしとみたら一刀のもとに斬って捨てんと、肩をいからして縦横に市中を縫うて歩いたが人ひとりに出会わぬ。やや拍子抜けしながら本部の近くへくると、とある土塀に十人ばかり守宮（やもり）のように身をつけてしのんでいるものがある。「なに者だッ」と永倉が大喝すると、それがバラバラと逃げ出した。

油断ならじと永倉はそのまま本部に帰り土方へ報告したが、その翌朝永倉がはからずもあやしい手紙を拾った。みると自分の部下なる小林啓之助から暗殺した伊東甲子太郎の残党篠原泰之進にあててあるので、開封してみると新撰組の秘密をことごとく書いてあって前夜永倉らの出勤までしたためてある。これを副長土方にしめすと、このときにあたって同志のうちからかくのごとき反逆者を出したとあっては隊士の動揺をきたすおそれがあるというので、小林を絞殺して密葬しようということになった。

こうして永倉はそれとなく小林啓之助を呼んで副長の前へ連れて出る。土方はじろりと小林の顔をみて「ご用の儀は……」というと、小林が「ハッ」と首をたれたので、大力の島田魁が飛びかかって絞殺してしまった。

こえて二十七日京都二条の城にある永井玄蕃頭から近藤勇にきてくれと使いがきた。帰りは夜も深更になったので島田魁以下四名とともに乗馬で墨染（すみぞめ）にさしかかった。すると松原に伊東甲子太郎の弟鈴木三樹三郎、篠原泰之進、阿部十郎、内海二郎などの残党が待ち伏せ、真っ先に進む近藤を狙って鉄砲を撃ちかけた。

「それ、曲者（くせもの）ッ」と、主従はあたりをみまわしているあいだに一丸飛んで近藤の右の肩を射抜いた。撃たれながらも近藤は馬を飛ばして伏見へ落ちのびる。残る石井清之進と勇の僕（しもべ）久吉はあわれや銃弾と乱刃のなかに倒れ、島田魁とほかのものは、ふしぎに命を助かって伏見までひき返した。これより先隊長を襲うた曲者があり、と聞いて隊士はおっとり刀で馳せ向かったが、敵は逃げてあらず、石井と久吉の死体が横たわっていたので、これをひきとって伏見の寺へ葬った。近藤は大坂城で傷をやしなったが、このあいだ副長土方が新撰組の采配をとった。

維新革命戦と永倉
驍名伏見戦にとどろく

慶応三年もこうして多事に暮れ四年の正月を迎えた。新撰組にその人ありと知られ、永倉新八の蛮勇ますますふるい、薩、長の名士をして恐怖せしめた活躍の舞台はついに展開してきたのである。三日、新撰組の沖田、永倉、原田など二十五、六人の隊士が奉行所の集会所に一団となって灘の銘酒の鏡を抜いて酒をくみかわしていた。午後四時ごろになると伏見の幕府方陣屋をみおろす御香宮（ごこうのみや）という社のある山へ薩摩の兵が続々と大砲を引き上げるのがみえる。いよいよ開戦の形勢となって永倉などもいつでも出陣の用意をしていた。その夜の七時ごろになると、果たして御香宮の砲門が開かれた。

伏見市中の目立つ建物はつづいて標的となって打ちくだかれる。奉行所へも十発ばかりの砲弾が飛んできて、集会所の屋根に焼弾や破裂弾がこもごもみもうて危険となった。副長の土方歳三はもはやこれまでと隊士を広庭へ集めて応戦の令をくだす。まず奉行所へ備えつけてあった一門の大砲を御香宮へ向けて撃ち放すと薩兵はますます猛烈に砲弾をあびせる。約半時ばかりも砲戦をつづけてから永倉新八の率いる二番組が決死隊として敵陣に踊り込むこととなった。

永倉はただちに伍長の島田魁、伊東鉄五郎以下の隊士をひき連れ、土塀をのりこえて薩軍の陣をめがけて突貫した。大刀をふりかざして、必死の勢いすさまじい永倉らの蛮勇には、名にし負う野津鎮雄（のづしずお）幕下の薩摩隼人もてあまして退却をはじめる。三丁ばかりも追いつめたと思うと両側の民家から火の手があがって進むことができぬ。やむをえず永倉以下が奉行所の塀ぎわまでひき返し、ひとまず本部へ帰った。このとき永倉の武装が重かったので土塀へのぼれぬとみて伍長の島田が銃をのべ永倉を軽々と引き上げたので、みるものみなその腕力の強いのに驚いた。

かかるうちにも薩軍の砲撃がまだやまぬので、ついに奉行所は焼け出した。新撰組はやむなく表門のほうへ引き揚げて会津の兵に合する。門外二町には長州兵が大砲二門を向けてひしひしと固めている。門を出て右へ曲がれば御香宮へのぼる道になる。会津勢は大挙してこの方面に突貫して敵を潰走せしめ、桃山あたりまで追い落としてひき返してくると奉行所門前の民家へ長兵が火をかけ、退路を絶とうとしている。一同火中をくぐり抜けて奉行所構内へひき返すことができたが、フランス伝習隊長の竹中丹後守は形勢をみてとって、

「戦争は勝利であったが敵はいずれも高地にあるから、結局味方の不利になるのをまぬがれぬ。このうえはいったん淀まで引き揚げてはいかがでござる」と提言した。

会津の林権助も幕臣の松平豊前守、新撰組の副長土方もまたこれに同意してにわかに兵をまとめ、鳥羽街道を大坂のほうへくだった。それはもう四日の午前三時のことである。鳥羽の入口は大垣藩の固めるところとなっていたので、幕府の兵が同藩と合体してさらに備えをかたくする。おりしも長兵が追撃してきてまたもや激烈な戦争となったが、幕兵ついに崩れはじめたので会津藩と新撰組がかわって戦い、ようやく長兵を追いのけた。

新撰組鳥羽に激戦

古名将にはじぬ退口

伏見鳥羽の合戦はじつに徳川幕府が天下を制するか、勤王党が天下を制するかという分け目の関であった。新撰組は勤王党にはちがいないが、幕府の恩顧を食(は)んでいたのでいつしか佐幕勤王党という当時の大勢に適合しない位置に立った。永倉新八などは単に新撰組のために死命を賭すといったような漠然とした考えで、この戦争に参加していたのである。多くの隊士もまた大部分これと同じ考えで奔走していた。

五日となれば長州の兵鳥羽街道を大挙して南下してきた。新撰組は会津兵と合して防戦につとめ、さらに東寺入口まで攻め込んだが長兵は民家に火を放ったので追撃をやめ、ふたたび淀小橋まで引き揚げた。この合戦で会津の老将林権助は七十歳の老躯(ろうく)をひっさげて奮戦したのち、八発の弾丸を受けて討死をとげ、長子の又三郎がかわって大砲隊長となり猛烈に長兵を追いちらして敵の胆を寒からしめた。翌六日の朝、幕兵三百を率いて佐々木只三郎がやってきたので、鳥羽口の防備はこれに任せ、新撰組は淀堤の千本松に陣を張った。

すると薩摩の一隊がたちまち二門の砲を曳いて千本松に押し寄せ銃火を雨霰のようにあ

びせかける。こちらは鉄砲が不足なので永倉新八をはじめ隊士の面々みな身軽となり、抜刀をふりまわして薩軍へ無二無三（むにむさん）に斬り込む。両軍とも血気の壮士ばかりとて、二時（ふたとき）あまりも血戦し、おのおの多数の死傷者を出しとうとう薩兵を追いまくったが、長追いをすれば連絡を絶たれるおそれありと途中からひき返すと、薩兵は盛り返して追撃をはじめる。小橋のあたりで遺棄されてある大砲一門を発見し、しつこく追いすがる薩兵の頭上に砲火を見舞い、たじろぐ隙をみて新撰組は淀の城下で会津の兵と合することができた。

　しかるに薩長の兵はこのとき対岸から小舟をあやつって淀川を渡り続々淀城内へ繰り込む模様に、会津兵は城内さして大手門へかかると、城主稲葉長門守は勅命と称してかたくその入城をこばむ。とかくするうちに幕臣の松平豊前守、竹中丹後守、新撰組副長土方歳三らは大坂へ退却に決したので、永倉新八は薩長の追撃を妨げようと民間の建具畳の類を淀小橋の上に積み重ね火をつけたが、容易に燃え移らぬ。そうするあいだに全軍を無事に大坂に入らしむる防備として、まず橋本宿の入口に歩兵隊五十名と土方歳三の率ゆる新撰組隊士五十名を配し、さらに永倉新八、斎藤一に二十名を付して八幡山の中腹に拠らしめ、緩急あい応ずるの備えをたてた。

　淀の城下はまもなく兵火につつまれた。幕府方の兵はつづいて総退却をはじめる。薩長の兵は「それッ」と追撃を開始し砲銃の音や喊声が随所に起こる。退却軍はしばしば危地に陥って死傷者が退路に累々として横たわる。会津の林又三郎や幕臣の佐々木只三郎など著名の勇士が戦死する。八幡山の麓はもっとも激しく戦塵群がり、橋本宿はついに薩軍の手に帰してしまう。八幡山の中腹に拠った永倉新八は前後の連絡を絶たれて情勢はさらにわからぬ。橋本宿が敵手に落つると聞いて山をくだり、かつ戦いかつ走って大坂へ入った。このときの永倉の働きぶりはじつに古名将の退口(のきくち)にもはじぬと陣中の語り草となった。

遊撃隊長桃井そむく

ひさしぶりで江戸へ

伏見鳥羽を退いて大坂に拠った幕軍は戦争をつづけるにしてもまったく不利なものであった。永倉新八が斎藤一とともに手兵をひきまとめて城内に入ってみると、新撰組では副長土方の指揮で城門に大砲をすえ、薩長の兵きたらば一合戦せんと準備の最中であった。

ここに慶喜将軍の護衛として進退を同じゅうしていた遊撃隊というがある。隊長は江戸随一の剣術家としてうたわれた桃井春蔵という文武の達人で、隊には榊原鍵吉などという後年まで名を残した剣士を網羅していた。しかるに桃井はかねて薩、長、土の志士と結び、勤王党と気脈を通じていたのだが、いましも大坂城内の混乱に乗じて致命傷をあたえようと考えたのか、隙を狙って将軍慶喜の居間に近い柳の間に火をかけた。

事の意外に驚いた新撰組の隊士は「それッ」と桃井を追っかけると、彼は蔵屋敷（現大阪市西区）の土州藩邸へかけ込んでしまった。かくて刻一刻と薩、長の兵が大坂めざして南下するとの報に接した近藤勇は、

「拙者の負傷いまだ癒え申さざるも幕軍の不利をみてはこうしていられぬ。拙者に遊撃隊と見廻組を拝借が願わるれば薩、長の兵を京都まで追いのけ、きっと大勢を挽回いたすでござろう。そのあいだに将軍は海路を江戸へ御帰城あいなり関東の兵をもよおされてさらに上洛の策をとられてはいかがでござろう」と建言した。そのうち、将軍慶喜は急に東下を命ぜられ、警護は会津、桑名の両藩と新撰組となる。幕臣は残らず紀州家へあずけられ、お供としては松平肥後守、松平越中守、御老中板倉周防守、若年寄永井玄蕃頭だけ指名された。

新撰組は出発に先立って城内の宝蔵から十万両をとり出して船に移した。将軍とお供は軍艦富士山丸へ、警衛の兵は汽船順動丸へ移乗し正月十日というに思い出多い大坂を出帆

した。将軍慶喜や幕臣の重立者をかくやすやすと江戸へ落としたのは薩の西郷吉之助の遠謀のあるところで、一万五千に近い幕兵と三千しかない薩長の兵と戦ってはいたずらに損傷をこうむるばかりであると、ことさらに一方の退路を幕府のために開いたのであった。

富士山丸と順動丸は舳艫（じくろ）あいふくんで十二日午前四時品川湾に投錨した。将軍や諸役人はただちに入城して新撰組だけは品川の釜屋という小旅館へ落ち着く。ついで二十日には新撰組へ大名小路の秋月右京亮役宅をあてられ一同ひき移る。近藤勇はそこで隊の人員検査をすると、伏見や鳥羽の戦争で副長助勤の井上源三郎、山崎烝、会計方の青木牧太夫、伍長の伊東鉄五郎、池田小太郎その他隊士二十余名を失っている。残るは副長土方歳三、同助勤永倉新八、沖田総司、斎藤一など四十余名にすぎない。

かくてひさしぶりに江戸に帰った隊士にしばらく休養をあたえたので、隊士はそこここと遊びまわる。音に聞こえた新撰組の威勢すさまじく江戸市中新撰組の隊士といえばいたるところで歓待された。

嬌舌火を吹く座興
電刃洲崎の血煙

ひさしぶりで江戸へ帰った永倉は、ある日同志の島田魁、中村小三郎、蟻通勘吾、梅戸勝之進、前野五郎、林小五郎などを同伴して、そのころ深川の仮宅と称したいまの洲崎の品川楼に遊び、小亀、嘉志久、紅梅などいう花魁を残らず揚げ、ほかに芸妓を六人呼んで大陽気に騒ぐ。隊士はいずれも大杯を傾けて満面朱色に染まって唄い狂ううちに、中村小三郎の敵娼たる嘉志久のみが杯に手もふれずにいる。永倉はこれを不審に思って聞くと、小亀太夫が、

「嘉志久さんは酔うと乱暴をするので楼主から禁められているのであります」という。

「ナァニ構わぬ、拙者が許す」というので、中村は杯洗にまんまんとついで二、三杯つづけさまに飲ませると、嘉志久はたちまち泥酔して嬌態を崩し一座に毒舌漫罵をあびせてくってかかるので、それがかえって満座の喝采を博した。

翌日も流連してさらに大門の役人に談判し、これまで例にない花魁の門外道中をこころみ、洲崎楼という名代の料理屋で大宴会をやる。その翌日も品川楼に流連していたが永倉は連日の酒に飲みあき、どこか静かなところでゆっくりしてみようと、隊士には内密でふいと品川楼の裏門をくぐり出た。

そこで小格子店（遊女屋の隠語）や長屋などのある細い通りで若い衆を先に永倉はとある橋を渡るとき、前方から三人づれの侍がやってきてはからず突きあたった。永倉は酔うてもいたので、

「これは失礼」とあいさつしていきすぎようとすると先方は、

「失礼ですむか」とふり向いた。永倉は、

「なにをッ」と股立（ももだち）をとって腰の一刀に手をかけると三人の侍はそのままスタスタいきすぎたので、永倉はなにごころなくぶらぶらやっていくと、油断をみすました侍はそのうしろから一刀を大上段にふりかぶって追っかけてきた。それを発見したのは若い衆で、

「ヤッだんなさまッ」と叫んだので永倉ははじめて気がつき、ふり返るひまもなく半身に体を開いて刀を抜き風を生じて斬りおろす相手の刃を受けて返すとみれば、くだんの侍は横面をみごとに割られ、うんといいざま仰向けに倒れたが、永倉も目の下に軽傷を負うた。

「あともこいよ」と、永倉の叫んだ声に残った二人の侍は胆をつぶして逃げてしまう。付近はたちまち大騒ぎとなったので永倉は刀の血を押し拭い、そのまま品川楼へひき返すと、隊士は急を聞いていましもかけ出そうとするところであった。無事に帰った永倉の刀を前の嘉志久太夫が受けとってたくみな手つきで拭い、打粉（うちこ）までかくるものなれた様子に、永

倉はふしぎな女だと思って、

「どこでそんなことをならった」と聞くと、

「ホホホ」と笑って「私は幼いときから身体が弱く、それでも男の名が好きで（剣の達人にあやかって）伊東甲子太郎と名乗っておりました」と答えた。

伊東の名にアッと驚いたが、だんだん聞くと例の伊東甲子太郎とはなんらの関係もなかったらしい。そして箪笥（たんす）から一刀をとり出して永倉にしめしたが、なかなかの銘刀であった。こうしてその日一同が引き揚げることになり、楼主の辞退するのをしいて百両とらせて新撰組の本部へ帰る。副長の土方が永倉の目の下の刀傷をみて「どうした」と聞くので、洲崎遊廓でかくかくの次第で、そのときに負傷したのと打ち明けると、土方は、

「かるい身体でござらぬ、自重さっしゃい」とそのままにすんだ。

おん礼として一万両

勇甲府進撃をはかる

薩、長、土の兵はついに官軍の名を負うて東海道をくだってきた。沿道の各藩は恭順す

るもあり江戸に走るのもある。将軍慶喜は二月二十八日上野寛永寺に居を移して謹慎を表し、新撰組は警衛として上野山内に本部をおいた。

このときフランスは幕府に同情しイギリスは薩、長をたすけるというふうがみえて、内訌が長くつづくと外国の干渉がこぬでもない。そこに着眼して維新の大業をまっとうせしむるに凡流を超えて大勢を導いたのは薩の西郷吉之助と幕府の勝海舟である。江戸城明け渡しはもちろん諸外国に厳正中立を求めるもので、勝は幕臣の意表外の方面に活躍しつつあった。

ここに江戸浅草の新町に弾左衛門あらため矢野内記とて、ぶらくの大頭目とたてられる世間のほかの一大勢力家があった。彼が一言はじつに全国にわたるぶらくの十万人をたたしめるに足るものがある。そこで薩州では彼を侍にとりたてるとの評判があったので、幕臣の松本良順が機先を制し、「旗本に推薦する」といって手なずけた。内記はおおいによろこんで、「このうえはいかなることがあっても幕府の御用を承る」と約したので、松本はただちに手続きのうえ御目見得以上に召し出だされ御書院組に列せられて時服拝領まで仰せつけられ、破格の待遇を受ける身となったので、内記からはおん礼として金一万両を献ずる。ついで同人は乾児百人を選んでフランス式の調練を受けしめた。そこで松本はこの歩兵を新撰組に付属せしめようと近藤勇にはかった。

しかるに近藤は甲州城を自分の力で手に入れここに慶喜を移そうとする計画をたてていたので、一兵でもほしいときであったからさっそくこれを承諾した。そしてこの計画は慶喜の内諾を受けてあるので近藤は一日新撰組の役付すなわち副長土方、副長助勤の沖田、永倉、原田、斎藤、尾形、調役の大石、川村らを呼び集めて右の計画を打ち明け、首尾よく甲州城百万石が手に入らば、隊長は十万石、副長は五万石、副長助勤は各三万石、調役は一万石ずつ配分しよう、ただしこの一事は隊の運命のつながるところであるから、隊長一存では決しかねるので各位の意見も承りたいというと、一座は無条件で賛成した。

そこで表面は甲州鎮撫ということになり、軍用金五千両、大砲二門、小銃五百挺を下付される。しかも軍事総裁勝海舟が容易に勇のこの願意をいれたのは、この爆裂弾のような危険人物を慶喜の前に近づけまい所存からなのであった。勇の心中では江戸城の堅要（甲州城）を固持してあくまで官軍に反抗しようとも考えていたのである。

かかるうちにも官軍は続々として東下してきた。勇は三月一日甲州鎮撫のためとふれて新撰組を甲州街道に進めた。八王子をすぎて猿橋の宿で官軍はや下諏訪にあり甲州に入るのもここ二、三日のうちだということを聞いたので、勇はおおいに驚き、即座に七十頭の馬匹(ばひつ)を集め騎馬隊を組織して、官軍に先立って甲州に入ろうとしたのであったが、官軍もまた、もし甲州城が幕府の手に落ちては容易ならざることになるのを知っているので、そこに巧妙な手段がめぐらされてついに甲州城は一戦におよばずして官軍の手に落ちることになった。

事ついにその志と違う
勇の威信地におつ

甲州城を乗っとって百万石を掌握しようとした新撰組の野心は一朝の夢にすぎなかった。剣をとっては本朝随一の近藤勇も徳川幕府という大廈(たいか)の倒るるに際しては、これを支うる一木にすぎなかったのである。その意味で甲州合戦は全然失敗に終わっているから、くわしいことははぶいて新撰組離散に移ることにする。

三月四日勝沼の宿へ新撰組の騎馬隊が着くと、甲州城はもはや官軍の手に落ちていることがわかった。総員を点検すると馬丁を合わせてわずかに百二十一人、この小勢をもって雲霞のように押し寄せる官軍に対抗すべくもあらぬ。隊士はそれと知って永倉と原田の両

人へ、

「この際後援がこなければ無謀の戦いはしたくない」と申し込んだ。これを伝えるとさすがの近藤も弱って、

「しからば隊士をあざむくは士道にそむくけれど非常の場合ゆえよんどころござらぬ。会津の侍三百名が猿橋まできて明朝着くはずであるといつわって一戦するようにすすめてもらいたい」とたのみ、一方には副長土方を神奈川に馳せて旗本の一隊たる菜葉(なっぱ)隊を迎えにやった。

その夜勇は大砲二門を要害の地にすえ、さらに付近の農民を説いて一把二把の薪を出させ、山の中腹や街道筋にかがり火をたいて虚勢をはった。官軍はこれをのぞんで大部隊の幕軍が押し寄せたものと早合点し、急に後詰めの部隊を甲州城に集めて備えをかたくした。要するに勇はますます敵をして有利な位置にたたしめるようにしたのである。

今度はさらに手をかえて甲州城に入った岩倉具定（具視の次男）に使いを出し、「幕府の甲州鎮撫隊長大久保剛（近藤勇の変名の一つ）にそうろう、岩倉公に面謁して申しあげたき儀がある」と勇が自ら進むと、「あいさつは鉄砲でいたす」といって相手にしない。

このとき永倉は同志十名と狩り集めた猟夫二十名の一隊を率いて街道の向山へ進むと一

軒の百姓家に官軍の兵がひそんでいた。するとそれとみるより猟夫は裏切りして、反対に永倉のほうへ鉄砲を向けた。衆寡敵せずとみて永倉以下が引き揚げてくると、新撰組の隊士は隊長近藤が前夜会津の援兵がくるといったが根も葉もないことであるのと、兵糧さえ十分でないのをいかって、はやくも離散の決心したものとみえ、勝手に小仏峠のほうへ引き揚げてしまう。永倉と原田はおおいに驚いて馬に乗って追いかけ、吉野宿でやっと追いついていろいろと一行を説得した。ついで近藤もやってきて説得したがなかなかきかない。近藤の威信まったく地におちてもうどうすることもできぬ。近藤もいよいよここに最後の決意を定め、このうえは吉野を陣地に官軍と最後の一戦をこころみて討死するといって動かぬ。

永倉はなんとかして隊士をひきとめようとついに八王子まで追っかけて説いたけれども、彼らはもはや新撰組へ復帰するの意がない。しからばどうするかというと、いずれも会津藩に投じて徳川家のために尽くそうと決心しているので、永倉もこれまでと思いきり、「それでは致し方がない。しかしいま一度新撰組へ帰って隊長近藤に会い、これまでの暇乞いをしてから会津へいくがよろしかろう」とすすめ、さらにひき返して近藤にも右の次第を報じて最後の決裁を待った。

近藤は悵然として長大息しながら、

「このうえは拙者も会津の城を枕に討死をとげることにいたそう。隊士は永倉氏と原田氏にお任せいたした。一同は江戸で落ち合うことにいたそう」と約して別れることになった。

数奇をきわめた新撰組もこうしてさんざんなありさまとなって江戸へ帰った。

永倉近藤と訣別す

勇板橋にて斬らる

江戸で再会しようと約して三々五々に別れた新撰組の隊士は、それでも落ち合い所と定めた本所二ツ目の大久保主膳正邸へ足を運んでみたが、まだ隊長近藤がきていなかったので大部分はまったく新撰組を見限り離散してしまい、残るは永倉新八、原田左之助、島田魁、矢田賢之助など十人ばかりである。これらの残党は会津藩に投じようと決議し、永倉の発案で今戸八幡の境内に住む松本良順から軍用金として三百両を借り入れる。金子ができると、先に離散した同志や近藤勇をも併せて会津へおもむこうということになり、このとき、離散の同志は新吉原でなごりの遊興をこころみていると聞き、永倉らは駕籠を飛ばして金瓶(きんぺい)大黒へ乗りつけた。

そこには二十余名の離散隊士がいて永倉らがきたと聞き、不審に思って仔細をたずねるので、

「せっかく同志を結んだわれわれが一朝にして離散するとはいかにも遺憾に存じてまかりこした。しておのおの方はいずれへおもむかれるや」と聞くと、いずれも「会津に投ずるつもりだ」という。

「それではわれわれと同じ目的でござれば、ここでさらに新勢力を組織し、近藤、土方の両名をも説き入れて会津へおもむき、最後の奮闘をいたそうではござらぬか」と相談すると、一同も異議なく万事は永倉に一任するというので、その晩は結党の祝宴をはり徹宵(てっしょう)の豪遊をこころみた。

翌朝三艘の船で一同が近藤のいる和泉橋医学所へ漕ぎつけ、勇に面会して前夜の決議を述べて賛成を求めると、勇はそれを聞くよりふつぜん色をなし、

「拙者はさようなわたくしの決議には加盟いたさぬ。ただし拙者の家臣となって働くというならば同意もいたそう」とキッパリことわった。離散した一同もせっかく訪ねてきたのにこう近藤に突っぱなされると、怒気一時に燃えていずれも袖を払って立ち去った。永倉も、

「二君に仕えざるが武士の本懐でござる。これまで同盟こそすれ、いまだおてまえの家来にはあいなり申さぬ」と激しながら、だんだんこれまでの交誼の礼を述べ、原田、矢田なdoどともに立ち去った。

近藤勇は新撰組の隊士と別れてからはおうおうとして楽しまずにいた。しかし土方歳三にはげまされて再度の挙兵を思いたち、大久保大和の変名をもちいて流山におもむき江戸を脱走した幕兵を糾合してたちまち百数十人の同志をえた。

このとき官軍は江戸の三面を包囲して脱走兵を逮捕解散せしめていたが、流山に屯集の一団があるというので手配をなし、隊長自ら本陣にくるように使者を出したので、勇は弁解の辞を尽くしてその場を逃れようと決心し、官軍の陣営におもむくと、そこに先に暗殺した伊東甲子太郎の同志であった加納鷳雄がおって、大久保は近藤の変名であることを看破され、即座に捕縛されてしまった。

官軍の参謀香川敬三は近藤勇の武勇を深く惜しみ官軍に降伏をすすめたが、近藤は、「官軍とはそもそも朝廷の兵か、薩長の兵か拙者にはわかり申さぬ」とて、きかず、ついに板橋の刑場に送られた。近藤勇の態度は、じつに俎上の鯉の立派な武士であった。時は慶応四年四月二十五日、おりから小雨の晴れ間に刑場の庭に座った勇は係りの役人にこうて髪月代をととのえ、懐紙に二詩の辞世をしたためて首をのべて斬らせた。行年三十五歳。土方歳三はこれを聞いて流山を逃れ、明治二年箱館戦争で壮烈な最期をとげた。このとき行年同じく三十五歳であった。

第十章　最後の戦い

新たに靖兵隊を組織

佐幕党会津に投ず

五年の苦楽をともに尽くした近藤勇と袂をわかった永倉新八は心おおいに期するところあり、

「こうなれば貴殿と死生を同じゅうするでござろう」と誓った原田、矢田の両人をともなって和泉橋から深川冬木町の弁天社内に居住している剣士芳賀宜道（はがぎどう）を訪ねていった。芳賀とは誰あろう。永倉が先年松前藩を脱して剣道修行のおりから、武者修行をともにした市川宇八郎の後身である。

市川は激烈な攘夷論をとなえて藩論と合わず、ながの暇となって旗本の芳賀姓へ養子となり、御書院組に列せられ三百石を領していた。それに剣術柔道にすぐれているところから、かねて学問所取締に出仕している。ひさびさで再会した両人は手を握って互いに無事を祝し合い酒をくみつつ話はそれからそれと尽きない。永倉は近藤勇とあい識って新撰組を組織したことからその後の顛末を語り、ついで近藤と訣別したことにおよび、さらに、「このうえは貴殿と同盟して徳川の声誉回復につとめようと存じ、拙者と死生を誓った原田、矢田の両所と同道してまかりこした次第でござる」と結んだ。すると芳賀はこれに大賛成で、即座に一隊を組織することに決定し、ただちに趣意書をしたためて発表した。

これを聞いて元新撰組にいた林信太郎、前野五郎、中条常八郎、松本喜三郎らが集まり、これに諸藩の脱走者、旗本など約五十名ばかりたちどころに募りに応じてくる。そこでこれを靖兵隊と名づけ、隊長は芳賀宜道、副長永倉新八、原田左之助、士官取締に矢田賢之助を選び歩兵取締に林、前野、中条、松本の四名を指定する。幕府は靖兵隊の成立をよろこんで歩兵五十名を増派し気勢をそえた。ところがなににぶんにも急の組織とて手狭で致し方ないので、当時和田倉門内会津屋敷跡に屯所をおき、幕府の歩兵三百をあずかる米田桂次郎の一隊に合併することとなり、深川から一同ひき移って毎日、フランス式の訓練をやっていた。

軍服姿でビールを酌み交わす米田桂次郎（右）、宇都宮で負傷しその後上海に脱出

慶応四年四月一日、江戸城は無事に官軍の手に渡され事実において徳川幕府はまったく倒れてしまった。江戸に住む幕臣や佐幕党の志士はいたたまれないので多く会津へ脱走した。靖兵隊も江戸明け渡しの前日水戸街道を会津へ走った。山崎宿で副長の原田は妻子の愛着にひかされ辞をもうけて江戸へひき返し

たが、官軍は江戸を囲んでふたたび靖兵隊に帰ることができず、神保山城守の募った彰義隊に投じて上野戦争に戦死（満洲に渡ったとも）をとげた。

靖兵隊は岩井宿を経て室宿へ進み小山の官軍を破って十九日鹿沼宿に着いた。そこへ幕兵を率ゆる大鳥圭介が会津の秋月登之助の率ゆる同藩兵に合して明朝宇都宮を攻めるというて押し寄せてくるのに会った。靖兵隊もこれに合して翌早朝大砲二門で城中に撃ち込み三隊を両面に分けて猛烈に攻めた。永倉は例の抜刀で塀を乗りこえて敵兵のなかに躍り込み、当たるを幸い薙ぎ立てる。城兵はこの勢いに閉口してたちまち総崩れとなり壬生をさして退いた。このとき城兵は逃げながら三千両の軍用金をお濠に投じたのを見て、永倉はこれを引き上げ、二千両を大島に渡し千両を靖兵隊の軍用金にあてた。

幕軍宇都宮を棄つ　　会津大戦の機熟す

宇都宮の城兵を壬生に追いのけた大鳥の幕軍や靖兵隊は、宇都宮を棄てて幕田に陣取った。矢田賢之助は乗馬で敵地深く進み入り、官軍の陣形から兵力などをさぐり宇都宮の兵は土佐の兵に助けられていることを知った。二十四日、おりからの雨をついて幕軍は壬生の城を攻めたが、靖兵隊は雨に弾薬を濡らして撃つことができない。そこで永倉は抜刀隊をつくって先頭にたち銃丸をおかして奮戦していたが、一弾飛びきたって二の腕をかすり軽傷を負うた。しかしなおもひるまず指揮するうち官軍は大部隊をもって圧迫するので漸次苦戦に陥り、ついに幕田を棄てて宇都宮を退いたが、ここも守り切れず日光街道に走って今市宿に拠った。

この合戦で幕臣の米田桂次郎が重傷を負い、その他負傷者がなかなかに多い。そこへ松平太郎（幕臣、官軍入城直前に銀座鋳造所から百万両を運び出す）が軍用金二十万両をたずさえて見舞いにきた。医者も同道してきて負傷者に手当をさせる。そして大鳥圭介に向かって、

「幕軍がここにいると官軍は兵力をさいて攻めきたり、ついに日光の神苑を侵すようなことがないとも限らぬ。よって負傷者の手当がすんだらただちに会津に出発を願いたい」という。

これには大鳥ももっともの次第であるとさっそく承諾し、東照宮にある家康の木像をとり出(い)だし一小隊の警衛を付して会津の城内に移った。幕兵と靖兵隊もまもなく田島宿へ着

いた会津兵と連絡を保ち兵を休養させること数日におよんだ。

　ついで靖兵隊は芳賀隊長、永倉副長を頭目にして結城総督の幕下に属し重きをおかれていた。官軍はもはや先鋒を日光街道の茶臼山（ちやうすやま）に備えたとの注進がくると、宇都宮藩の高原宿に本陣を構えていた結城総督は永倉を招きて、屈強の壮士十名と猟夫五十名（五名か）を授け、茶臼山の官軍を追い払えと命ずる。永倉はすなわち間道からしのび寄って敵の不意をつき抜刀で斬り込んで、逃ぐるものは険阻な山道に伏せた猟夫の手で一発のもとに射撃する。そして番兵をおいて引き揚げた。かかるあいだにも戦機はようやく熟してきた。官軍も幕軍も備えをたて兵を配して一挙に事を決しようとした。

　永倉新八は靖兵隊を率いて今市宿の官軍に向かった。日光街道へさしかかると、敵は砲火を開き銃丸を雨霰と注ぎかける。士官取締矢田賢之助は大杉の陰に隠れて隊士を指揮するうち一弾に眼の下を射られ即死した。永倉はそれとみて矢田の首を隠そうとしたが敵弾が激しくて寄りつけぬ。ようやく地上を這うて近づき戦友の首を斬り落として、なおも指揮するうち日はとっぷり暮れて戦いは自然とやんだ。精鋭を集めた靖兵隊もこの日の激戦で戦死二十、負傷三十名を出した。永倉は隊をひきまとめ戦友の首を手にして高徳（たかとく）宿まで引き揚げそこで矢田の首を高徳寺に葬った。

官軍高徳に大敗す

輪王寺宮白石入城

靖兵隊の属する結城総督の率いる一軍はしきりに官軍を悩まし兵勢一時にあがるにかかわらず、大鳥総督の一軍はさらにふるわず、兵はようやく倦んで総督を非難する声が高まってくる。これより先会津の博徒二十名が今市と高徳のあいだに潜伏して、鍋島の藩兵二百名を引率してきた鍋島嘉平を襲い、嘉平の首を打って逃走した。すると鍋島の兵は土佐の兵に合して嘉平の弔い合戦だといって猛烈に押し寄せてきた。結城総督の一隊がそれを引き受けて大鳥総督の一隊が築いた胸壁（砦）に拠り歩兵を前方に出してわざと退却させ、永倉その他の士官や剣士の待ち伏せる胸壁まで敵をおびき寄せた。

かくとも知らず勢はするどく鍋島や土佐の兵が胸壁の上へあらわれるところを下から大刀で串刺しとなし、これはと驚く敵兵のなかへ躍り込んで縦横に斬りまくれば、たちまち両藩の兵が総崩れとなって退却をはじめる。永倉は靖兵隊の勇士を指揮してなおも追いまわせば、敵はまったく潰走しついに絹川（鬼怒川）へ追いつめられて溺死をとげるもの数知れぬ。この合戦に幕軍の分捕った兵糧、大砲、小銃、弾薬は山を築き未曾有の大勝利であった。ところが激戦がすんでから大鳥総督のいないのに気がつき百方さがしても見当たらない。たぶん戦死したものであろうと思っていると、翌日山中からすまして出てきたので幕兵は大いに憤り、「総督ともあろうものがけしからぬ、討ってしまえ」と騒ぎ立てたので、さすがの大鳥圭介も色を失って会津をさして逃げていった。

さるほどに、上野輪王寺宮（北白川宮能久親王、明治天皇の叔父）には幕府を助けんとおぼし召され、駕籠を仙台藩片倉小十郎の白石城に進められ奥羽列藩を召されて会津肥後守と同一行動をとるようさとされた。宮はさらに結城総督を呼び寄せられて、「五月八日までに官軍の手から日光を奪還せよ」との旨を伝えさせたもうた。結城総督はさっそくお受けしてその場を退き靖兵隊の芳賀と永倉を呼んで宮の御命令を伝えると、芳賀と永倉は「それでは靖兵隊は林信太郎、前野五郎の指揮に任せ、われらはこれから会津にひき返して会津の藩兵を借りて日光へおもむくでござろう」と結城の添書をもらい、その場から会津の城下へと急いだ。それは四月の二十一日であった。

会津城下へ着いて酒造家の石塚という家に一泊し、翌早朝城内へ入ろうと寝につくとその朝の六時ごろというに、遠方であたかも桶屋の箍を結うような音が聞こえる。両人は寝室にあてられた土蔵の窓を押し開いてみると、城下ははやくも官軍が押し寄せると聞いて避難する老若男女が右往左往にいきかう大混乱である。さてはいまの音は官軍の撃ち出す砲音であったかと床を蹴って立ちあがり身支度して、家人やある、と母屋のほうへきてみると一人もおらぬ。とかくするまに砲声は次第に近づき、いまは弾丸さえ飛んできて土蔵や母屋の屋根にバラバラとくだけ散る。永倉が台所へいってみると飯米(はんまい)は釜にたけたまま竈(かまど)にかけてあるので、芳賀を呼んで薄暗い行灯の影をたよりに十分腹をととのえ、店にある酒をくんで勢いをつけかけ出して城門へかかると、

「城内の兵備はもはや十分でござる」とてなかなか入れそうもない。そこでやむをえず両人は「このうえは結城の原隊に帰ろう」と高徳宿へとって返した。

雲井龍雄に知らる

藩論二派に分かれる

会津の城下から高徳宿をさしていく永倉と芳賀の両人が、まだ明けやらぬ若松城のほうをふり返れば、三面を囲む官軍から撃ち出す砲声に小銃の音が乱れ、ときどき喊の声さえ

起こってものすごいありさまであった。半里ほどもきたと思うところに黒川の流れがある。橋は落ち舟はこわされて城から逃れて避難してきた老若男女は、狂乱のおりからとて我を忘れて川中に飛び込み向こうの岸に押し渡ろうとすると、矢のような急流に足をすくわれてみるみる下流に押し流さるるもの数を知らず。永倉、芳賀の両人も猶予ならずと衣類から大小刀まで頭の上へ縛りつけ、四本の手を組み合わせてさぐり足に川を渡ってようやく向こうの岸へ着いた。

こうして高徳へ急ぐ途中、はからずも結城総督が部下をまとめて会津をさしてくるのに出会った。聞けば若松城が官軍の重囲に落ちたとの急報に接して切迫せぬうちに若松城に入ろうというのである。それでは一緒にひき返そうというおりしも、結城は永倉と芳賀へ米沢藩の傑士小島守善こと雲井龍雄を紹介した。

雲井は永倉に向かって、

「拙者は先ごろまで上州を遍歴いたし、沼田の土岐山城守や前橋の松平大和守を説得いたし佐幕党にいたしてござる。会津危急と承り帰藩せんと急ぐおりから結城殿にご面会いたし、ご両所の勇名も承知つかまつった。そこで一つご相談があるが、いかがでござろう、ご両所もこれより米沢へ拙者と同道召され、米沢の兵を率いて会津を救うようにしてはく

ださるまいか」と相談した。永倉と芳賀は雲井にこうすすめられて心おおいに動き、そこで結城総督の意見を聞くと、

「それもよろしかろう」と賛成したので、三人は会津路を白石路に変更して米沢へと急いだ。

藩の関所ははや厳重な取り締まりで、鉄砲組百人隊をおき通行人をいちいち調べる。永倉はその鉄砲隊の兵のなかからかつて新撰組の伍長であった近藤芳助を見出した。芳助は永倉の要用を聞いて「それでは一緒に連れていってもらいたい」というので雲井の承諾をえて一行四人で米沢の城下に入る。このとき藩論は佐幕と勤王の二派に分かれ、軋轢がなかなか激しくて会津救援出陣のほどもおぼつかない。雲井はむろん佐幕党の重鎮であるから一味のものにその帰藩をよろこばれたが、それだけ反対党の嫉視と忌憚（きたん）の眼を向けられ、果ては刺客さえつけられる様子に永倉、芳賀、近藤の三人は昼夜これを保護せねばならない始末となった。

藩論はついにまとまらず永倉らがいたずらに脾肉（ひにく）を嘆じているうち、その年の九月若松城はついに落城した。永倉と芳賀はこの報を聞いていつまでも米沢にいたところで致し方がないから江戸にひき返して奔走しようと雲井に相談すると、雲井はしばし考えていたが、

「ご両所、官軍の勢いがこう猛烈ではとても江戸への帰還は難しかろうと存ずる。それよ

りも上杉藩（米沢藩）に仕えてはくださるまいか。藩侯へすすめて百石ずつの禄を賜るようとりはからうでござろう」とすすめたが、永倉も芳賀も二君に仕える心底はござらぬとて雲井の厚意を辞し、ついに袂をわかつことになった。

町人姿にて出発す
永倉関所であやしまる

雲井龍雄と袂をわかって江戸に帰ろうとする永倉、芳賀の両人は越後路を迂回することにした。侍姿ではとても官軍の眼をくらますことはできぬというので、両人は大髻（おおたぶさ）を丁髷になおして町人姿にかえ、芳賀は生糸買いと称して吉兵衛、永倉は馬具職人とふれ込んで喜八と名乗り、雲井に大小刀をあずけ、「江戸でふたたびご面会いたそう、さらばでござる」と、十一月一日米沢城下をあとにすると、越後の関所は官軍の手で固めている。両人は宿場の旅宿で、女将に徳川脱走のものであると打ち明け、どうにかして関所を無事に越す工夫はあるまいかと相談すると、

「百姓姿に化けて土地の百姓に案内させ、お調べのときにはその百姓にお答えさせるよう

にしてはいかがさまで」というので、町人姿をさらに農夫ていにあらため、土地の農夫を案内にたのんでまんまと関所を通り抜けた。

越後を抜けて会津領に入り峠の絶頂で吹雪に悩まされ、溝口藩の固めも越後の百姓で押し通し、日を重ねて結城城下へは川を舟で、しかも荷物の箱のなかにひそんで無事に着いた。すると城下を離れるところに関門があってひと足遅れに永倉はとうとう捕まった。そこの取り調べはなかなか厳重で、

「一人旅はあいならぬ。江戸はいずこへまいるぞ」と問われ、永倉はでたらめに、

「小舟町の伊勢屋忠兵衛方へまいります」と答えると、役人は帳面をひっくり返してさがしていたが、

「伊勢屋忠兵衛などと申す旅宿はない、いよいよもって胡乱なやつ」とあやしみ、果てはますます深く取り調べ、牢屋に押し込みまじき形勢となったが、先刻から黙ってみていた一人の役人が、

「アイヤご同役、最前からこのものの様子をみるに、さしてあやしいものともおぼえ申さぬ。このまま許されても大事はござるまい」といったので永倉はようやく虎口を逃れ、夕日の影をあびて小山宿に芳賀をさがしあてた。

その晩、石橋宿の旅宿に泊まると、たまたま相宿となった一人の町人はしきりに両人の姿に目をつけていたが、

「あなたさま方はもしや徳川脱走の方々ではございませぬか」というので、両人はギョッとしたが、次第によっては絞殺してくれんと、

「いかにもわれわれは脱走のものでござる」と答えると、かの町人は、

「じつは私ももと旗本でございましたが、ゆえあって町人にさがり、ただいまでは洲崎に遊女屋渡世をいたしまする大黒屋藤吉と申すものでございます。徳川脱走の方とあれば、ぜひともお力になって江戸までお供いたしましょう」と道づれになった。

その後は藤吉のはからいで、どこの関所もやすやすと打ち通り、浅草へ着いて山谷(さんや)の重箱でひさしぶりに江戸前の鰻で腹をみたすと藤吉は、

「今晩はともかくお客さまで私どもへお越しください」とすすめるので、そういうこととし、翌日はさらに鉄砲洲にある藤吉の別荘に移り二十日あまりも藤吉の好意で潜伏していたが、いつまでも世話になるもせんないことと、芳賀の妻女がそのころ浅草三軒町にいたので、両人は町人姿のままそこへひき移り、しばらくそこにしのぶことになったが、脱走追及もやや緩んだとはいうものの、両人は万一のため懐中に脇差を隠して外出していた。

芳賀、義兄に討たる
狙う身狙わるる身

三百年の徳川栄華の夢醒めて世は明治の維新となり、佐幕の志士は脱走の名を負わされて日陰の身をしのぶ。江戸は東京とあらたまって永倉と芳賀の両人もあわれ町人姿ならでは往来もできぬ窮屈な身のうえ。ある日芳賀は深川の冬木弁天社へいくといって浅草の家を出た。すると途中はからずも妻の実兄にあたる藤野亦八郎（またはちろう）に会った。

亦八郎はそのころ官軍の脱走取締をつとめていて部下を五、六人ひき連れていた。ひさしぶりだというので両人は付近の鮨屋にあがって久闊（きゅうかつ）の話にふけったが、酒のまわるにつれて芳賀は亦八郎の官軍に投じたことを責め、徳川の譜代の恩に背いた罪をならす。だんだん双方の話が激してついに喧嘩となり、芳賀は柔道で亦八郎を組みしき、いがみ合う物音を藤野の部下が聞きつけてかけつけ、大勢でやにわに芳賀を斬ってしまい、死体はむざんにも菰（こも）につつんで川へ投げ捨てた。

ほど経て右の顛末を芳賀の妻が聞いて、

「いかに肉親の兄なればとてあまりの致し方、永倉様、なにとぞ夫の仇を両人の遺児に討たしてくださいと泣いて永倉の袖にすがった。永倉も無二の親友を殺されて無念やるせなく、即座にそれをひき受けて藤野のあとをつけたが、藤野は身のうえあやうしと感づいて箱館へ転勤を願い出て、赴任の途中病没したので仇討ちは自然沙汰やみになった。

かくて永倉は浪人ではとても身を隠しきれぬと観念し、松前藩へ帰参を願い出でて、明治二年二月松前侯の家老下国東七郎のはからいで聞き届けられ百五十石で召し出だされ、藩邸（上野にあった江戸屋敷）の長屋に住んで毎日、藩のフランス伝習隊に歩兵教習を授け調練をやる。戦場往来の永倉がよく兵法の呼吸を飲み込んでいるので、その調練ぶりは異彩を放ち藩中の評判になっていた。

一日永倉はおりからの休みを幸いに気保養がてら市中を散策していると、ふと両国橋の上で新撰組で前年暗殺した伊東甲子太郎の実弟鈴木三樹三郎に出会った。永倉はしまったとは思ったが、いまさらひき返すこともできぬ。両人のあいだは次第に近寄って鈴木の眼には異様の光が輝いた。そして、

「やあ、しばらくでござったな、貴公はただいまいずこにおられるのか」と鈴木が聞くので永倉は、

「拙者は松前藩に帰参いたしてござる」

「それではいずれまたお目にかかる機会もござろう」とすれちがったので、永倉も会釈して別れた。

しかし鈴木は兄伊東の仇敵として永倉をそのまま見逃すはずがない。ただちにひき返して斬りつくるのではあるまいかと永倉がふり返ると、鈴木もふり返ってじっとみている。永倉はさてこそと覚悟して袴の股立をとり支度をして待っていたが、鈴木はとても敵わぬと思ったか、そのまま黙っていってしまう。それから数日経つと果たして鈴木の一味が永倉をつけまわし、門外一歩を踏み出そうものなら、たちまち手をくだす気勢をしめした。そこで永倉は家老の下国東七郎に面会して事情を述べ、

「かくかくの次第でござれば万一斬り込んでまいろうものなら藩侯の名前も出ることゆえ、一時拙者に暇を賜るようとりはからわれたく存ずる」と申し出た。しかし下国家老は永倉をかばって自宅にひそませ刺客の難を救った。

藩医杉村姓をつぐ

香華に剣友を弔う

刺客をさける身の永倉、ある日やみがたき用事をおびて両国橋へさしかかると、橋ぎわに高札がたててあって黒山のような人だかり。なにごとやらんとそのそばへいくと、こはいかにその立て札のおもてには、

「米藩雲井龍雄儀、容易ならざる陰謀あり、小塚原において斬首すべきものなり」

との意味が書いてある。永倉は驚いて足を宙に飛ばして小塚原にきてみると、はや雲井龍雄の首が晒されてある。永倉はそれをみるより満眼の血涙一時に湧き出で、「ああ徳川幕府の命脈もここにまったく絶え果てた」と慟哭してやまなかった。龍雄はじつに徳川の遺臣をまとめて薩長と最後の決戦をやろうと、永倉と固く約束していたのであった。

事こころざしとたがえる永倉はついに世の望みを絶ってまったく隠退の決心までしたが、家老の下国はある日永倉を呼んで、

「貴公もいつまで潜伏してもおられまい。じつは福山にいる藩医の杉村松柏から養子を一人ほしいとたのまれている。杉村は医者でこそあれ、榎本釜次郎その他が箱館にたてこも

り福山を荒らしたとき、類まれなる働きをいたし藩侯からご加増を賜ったほどの人物、娘をキネと申し家族はいたって無人と承る。福山にまいったとわかればいかなる三樹三郎もあとを追うこともあるまい。ことにこのたび法令をもって私心をもって人を殺すことあいならぬと天朝から布令が出た。どうじゃ杉村にいく気はないかの」と親身の相談。永倉は考えた、世がこうかわってはしばらく時勢をみるより致し方がないと観念し、また下国家老の親切も否みがたくて、ついにその相談に応じて杉村家にいくことになった。

明治三年三月永倉は東京を出発して福山に着し杉村松柏の養子になった。そして四月一日から役付となってフランス伝習隊の調練をやるようになった。藩主はかねて勤王攘夷の説をとなえた人とて藩論もそれに傾き、永倉が福山に入ってから同志もまとまり、継述隊という一隊を組織して他日おおいになすところあらんと意気ぐんでいた。しかし明治の世は日を重ねるとともに世界的に多事多忙となり、内輪揉めばかりを能としてはおられぬ。継述隊も時勢の光に打ち消されて、果ては攘夷という声さえ聞かれなくなった。

数少ない生き残りとして新撰組の顕彰に尽力した永倉新八、晩年は孫を相手に武勇談を語り記録に綴った

永倉新八こと杉村新八は明治八年五月七日、家督を

相続して名を義衛とあらため、明治十五年十月樺戸監獄に剣術師範として聘され、明治十九年辞職したが同年上京の途次、函館に土方歳三、伊庭八郎の剣友を碧血碑に弔い、米沢では雲井龍雄の妻女を訪い、上京してからは居を牛込に構えて撃剣の道場を開いて聖代の武術を練る道を教えた。

また京阪地方を遊歴するうち、はからずも新撰組時代に京都でもうけた娘の磯子に会って親子の対面をする。磯子はそのころ女優となって尾上小亀と名乗っていた。小樽へ帰ったのは明治三十二年で、その後は長男の義太郎、二女ゆき子の二子に仕えられ老いの余生をいと安らかに送った。

死生のあいだをくぐること百余回、思えば生存するのが不思議なくらいの身を、大正の聖代まで生きのびて往年の敵も味方も同じ仏壇に朝な夕なの弔いの鐘の音を絶たぬ。

第二部　七ヶ所手負場所顕ス

元治元年七月

一大和国天王山ニ長州藩士大将真木和泉ヲ攻メ登ル、会津藩士大将神保内蔵、士官三百名引連レ新撰組隊長近藤勇、副長土方歳三、副長助勤沖田総司、長倉新八、原田佐之助、藤堂平助、井上源三郎、部下百五拾名引連レ攻メ登ル、神保内蔵、士官百名引連レ、近藤勇、副長助勤長倉新八、井上源三郎、同士弐拾名宛引連レ天王山攻メ登ル、天王山下ハ会津藩士官弐百名、新撰組副長土方歳三、副長助勤沖田総司、原田佐之助、藤堂平助、弐拾名宛引連レ、天王山下ニ八幡社、山崎村焼払、厳重ニ固メル、天王山攻メ登ル、弐丁ホド先キニ真木和泉顕レ、我ハ長門宰相臣真木和泉、討手ノ何レノ臣哉、名乗テ功戦イタサント申シ、我ハ会津臣神保内蔵、新撰組近藤勇ト申シ、真木詩吟シ、勝時上ケ、部下鉄炮四、五発打セ、其時長倉新八腰ヲ打タレ、仕合薄手、疵ニカマス先エ進ミ、真木和泉、部下共ニ陣小屋ニ火ヲ付ケ火ノ中エ飛込ミ討死イタス、夫ヨリ天王社エ登リ分捕ノ品金三千両、白米三千俵、討死イタス者ノ具足、天王エ奉納イタス、会津大旗天王社エ揚ケ、勝時ヲ一同上ル、金三千両会津公上ケ、白米三千俵ハ八幡社、山崎村エ手宛トシテ差遣シ、長倉新八手負イタシ、京都エ屯所エ引揚ル、跡ハ一同大阪表長州蔵邸焼払ニ出張イタシ、焼払イ、京都エ一同帰陣ス、

【註解】

「大和国」―永倉新八の書き間違いで、正しくは山城国、今の京都府。

「神保内蔵」―正しくは内蔵助、会津藩家老。のち戊辰戦争で会津にて戦死。

「新撰組」―永倉新八の別の書には「新選組」も用いられており、隊士たちも両方を使っている。島田魁の日記には「同八月十八日、長州人引き揚げの節、当組南門前を守る。その節、伝奏（てんそう）より新選組の隊名を下さる」とあって、八月十八日の政変（一八六三年）における功績により「新選組」の名を朝廷より授かったことになっているが、本書では原則として「新撰組」と表記した。

「長倉新八」―永倉新八の脱藩前の本名。

「真木和泉顕レ」―永倉新八のもう一つの手記『浪士文久報国記事』によると、真木和泉はこのとき「金ノ烏帽子ヲ頂キ、錦ノ直垂ヲ着シ」た姿であらわれたという。ちなみに同書は存在が知られながら行方がわからなくなっていたが、一九九八年（平成十年）に奈良市で発見された。文久年間の浪士募集から近藤勇と土方歳三の戦死までが約百七十ページ分の和紙に毛筆でまとめられている。この手記には「七ヶ所手負場所顕ス」の場面も六カ所が記録されているため、読者の便に供すべく本書の巻末にその部分を読み下し文にして掲載した。

「疵ニカマス」―疵ニ構ワズ。

【現代語訳】

（禁門の変に敗れた）長州藩士と大将真木和泉がたてこもる山城国の天王山を新撰組副長助勤であった私、永倉新八は局長近藤勇、井上源三郎とそれぞれ二十名の隊士をひき連れ、会津藩の大将神保内蔵助が率いる百名の士官とともに攻め上った。

天王山の麓は会津藩士二百名と新撰組副長土方歳三、副長助勤沖田総司、原田左之助、藤堂平助がそれぞれ二十名をひき連れ、八幡社ならびに山崎村を焼き払い、厳重に守りを固めた。

われわれが山道を進むと、二百メートルほど先に真木和泉があらわれ、「それがしは長門宰相毛利家臣真木和泉である。討手のそこもとらはいずれの家臣か、名乗られよ、そのうえで合戦いたそうではないか」と呼ばわったので、「我は会津家臣神保内蔵助」「我は新撰組近藤勇」と二人は名乗った。すると真木は詩吟を朗詠し、（兵たちと）勝鬨（かちどき）を挙げた。

そのとたん敵がこちらめがけて四、五発の銃弾をあびせかけ、それが永倉の腰に命中した。が、幸いにも浅手だったので傷に構わず先に進むと真木和泉は部下とともに陣小屋に火をかけ、十七名全員が火中に飛び込み討ち死にしてしまった。

それより味方は山崎天王社に入り、敵から分捕った金三千両、白米三千俵や遺棄された武具などを神前に並べ、会津藩が大旗をかかげて、一同で勝鬨を挙げた。金三千両は会津の松平容保公に上り(たてまつ)、白米三千俵は八幡社、山崎村に（償いとして）差し出した。

永倉は負傷したため京都の屯所に引き揚げ、味方は長州の大阪蔵屋敷攻撃に向かい、屋敷を焼き払ったのちに帰陣した。

明治元年四月

一下野国宇都宮城主戸田山城守落城、壬生城エ退キ、依之壬生城攻メル、幕臣歩兵頭取米田敬次郎、歩兵三百引連、草風隊士官五拾名、回天隊士官五拾名、靖共隊隊長芳賀宜動、副長長倉新八、士官取締失田賢之助、士官五拾名、歩兵取締林信太郎、前野五郎、歩兵百名引連レ、壬生攻メル、壬生城ニテハ炮門開キ大炮ヲ打ツ、小銃テ繁シク打チ、互ニ炮戦、此時米田敬次郎股ヲ打タレ、長倉新八弐ノ腕ニ手負イタス、仕合薄手、手拭ニテ結ヒ指揮イタス、雨降出シ、歩兵弾薬シメリ、鉄炮打ツコト叶ス、無余儀宇都宮城エ一同引揚ケル、翌日宇都宮落城、竟ニ日光エ引キ揚ケル、日光ニハ兵粮ナク、日光ニ止ルコト相成不申、故ニ日光引揚ケル時、東照宮引出シ御警衛イタシ、御警衛イタシ、会津領分田島宿エ一同引揚ケ、当宿ニテ休兵イタス、東照宮ハ新門辰五郎組御警衛イタシ、会津城下エ行キ、米田敬治郎、会津病院エ入院イタス、長倉新八当宿ニテ疵所療治イタス、会津藩山川浩改メ結城左馬之亮ト申シ、幕臣大鳥圭助両名総督、靖共隊改メ遊軍隊ト唱イ、隊長芳賀宜動、副長長倉新八、士官取締矢田賢之助、林信太郎、歩兵取締前野五郎、松本喜三郎、〔二字分空白〕常八郎、部下士官四拾名、歩兵八拾名、草風隊士官五拾名、回天隊士官五拾名、会津藩士官百名、大鳥圭助、歩兵三百名、結城左馬之亮、米田敬次郎、歩兵引請ケ、惣人員千弐百名ニテ、一慶応四年閏四月十五日宇都宮領分高原宿エ出陣イタス、当宿本陣イタシ、弐里先キニ高徳宿マテ固メル、日光街道茶臼山ニ官軍士官弐拾名斗リ番兵出張イタシ居ルヲ報知イタシ、速ニ遊軍隊副長長倉新八、士官矢田賢之助、士官拾名、歩兵取締前野五郎、林信太郎、歩兵拾名、猟人五名、長倉新八引連レ、茶臼山出張イタス、官軍無異ニ打タレ、路〔一字分空白〕イタシ逃去ル、長倉新八先方ニテ追討チ掛ル、此時長倉新八人差指ニ手負イタシ、仕合薄手、手拭ニテ結イ、弐、三丁追討イタシ、長倉新八引揚ノ令ヲ掛ケ高原宿エ引揚ル、長倉新八当宿ニテ療治イタシ、士官歩兵ニハ一同無事、

【註解】

「米田敬次郎」—正しくは桂次郎。

「靖共隊」—靖兵隊とも。一八六八年三月、新撰組を離隊した永倉新八、原田左之助らおよそ百名で結成。新撰組からは矢田（原文の矢田は誤り）賢之助、林信太郎、前野五郎、松本喜次郎（原文の喜三郎は誤り）、中条常八郎らが加わった。

「芳賀宜動」—前名を市川宇八郎といい、永倉の親友。深川冬木弁天境内に道場を開いていたが、靖共隊の隊長に推され各地を転戦。宜道とも表記される。

「繁シク」—激シク。

「新門辰五郎」—江戸の町火消し「を」組の頭（かしら）。娘の芳が徳川慶喜の側室であったことから、慶喜のガード役を自任していた。

「結城左馬之亮」—正しくは左馬助。維新後、貴族院議員。ちなみに原文にある浩は明治以降の改名である。

「〔二字分空白〕」—中条のこと。

「無異」—不意。

「路〔一字分空白〕」—狼狽か。

【現代語訳】

（一八六八年四月）、新政府軍に帰順した下野国宇都宮城主戸田忠恕が幕府軍に城を落とされ、その藩兵が壬生城に逃げ込んだため幕臣で歩兵頭取の米田桂次郎は歩兵三百名をひき連れ、別に草風隊士官五十名、回天隊士官五十名、それに隊長芳賀宣道、副長永倉新八、士官取締矢田賢之助、歩兵取締林信太郎、前野五郎が率いる靖共隊の百五十名で壬生城を攻撃した。壬生城に向け砲門を開き、大砲を撃ち、小銃を激しく撃ち、互いに砲戦を繰り広げた。このとき、米田桂次郎が股を打たれ、さらに永倉も二の腕を負傷したが、幸い永倉は浅手だったので手拭いを傷口に結んで指揮をつづけた。

しかし戦闘中に雨が降り出したため、弾薬が湿り歩兵は銃砲を打つことができなくなり、われわれは一旦宇都宮城に引き揚げた。ところが翌日、宇都宮城は新政府軍に奪還されてしまい、やむなく日光に向かったが、そこには兵糧がなく滞在することができない。ゆえに日光も引き揚げることになり、会津に移す東照宮のご神体や宝物をお護りして会津領の田島宿に向かい、そこで兵を休ませた。東照宮はその後、新門辰五郎一家が警護することになった。負傷した米田桂次郎は会津病院に入院し、永倉は当宿にて傷を治療した。

慶応四年閏四月十五日、会津藩士山川大蔵改め結城左馬助と幕臣大鳥圭介の両名が総督となり、靖共隊改め遊軍隊の隊長芳賀宣道、副長永倉新八、士官取締矢田賢之助、林信太郎、歩兵取締前野五郎、松本喜三郎、中条常八郎らの士官四十名と歩兵八十名、草風隊士官五十名、回天隊士官五十名、会津藩士官百名、大鳥圭介の歩兵三百名、それに結城と米田の歩兵とを合わせた千二百名で宇都宮領高原宿に出陣す。

当宿に本陣を構え約八キロ先の高徳宿まで固めたところ、日光街道の茶臼山に官軍士官二十名ばかりが出てきているとの報を受けたので、永倉は矢田の士官十名、前野と林の歩兵十名、それに猟師五名を率いて茶臼山に向かった。不意を突かれて、官軍は狼狽、逃げ去ったので、永倉は先鋒となって追い討ちをかけたが、このとき人差し指を負傷してしまった。幸い浅手だったので手拭いで手当し、さらに二、三百メートル追いまわしたのち、味方に引き揚げの命令を出して高原宿に戻った。当宿で傷を治療したが士官や歩兵は無事であった。

元治元年六月

一京都三条小橋池田屋惣兵衛旅籠営業、長州藩弐拾名斗リ泊リ居リ、夫ヲ召捕ルニ新撰組隊長近藤勇、副長助勤長倉新八、同沖田総司、同藤堂平輔、池田屋内ニ這入リ、表ハ副長土方歳三、副長助勤原田佐之助、同井上源三郎、部下同士百名引連レ、表ハ厳重ニ固メ、池田屋惣兵衛取次出ル、近藤勇申スニハ、今日御用改メ案内イタス様申シ、惣兵衛驚キ、奥エ駈込ミ、其跡ト附ケテ行ク、弐階上リ、長州藩ニ御用御改ト申ス、長州藩弐拾名斗リ秡刀、立チ上リ、近藤勇申スニハ、御用御改メ不礼イタスト用捨ナク斬リ捨ルト申シ、夫ヨリ互ニ切戦ニ相成ル、此時キ藤堂平輔、眉間ニ手負イタシ、出血多ク出ル、無余儀表エ出ル、長倉新八手ノ平ニ手負イタス、出血多ク出ル、我慢イタシ、其場ニテ働キ居リ、四名斬リ捨テル、刀折レ、敵ノ刀分捕リ働キ居リ、其刀ニ金石亦殆ト研キ出シ有之、沖田総司、俄ニ持病カ起リ、無拠表エ出ル、内ハ近藤勇ト長倉新八両人、井上源三郎、同士拾名引連レ、池田屋エ這入リ、拾人ノ手ニテ長州人八名生捕ル、井上源三郎、弐階エ上リ、長州人一名斬リ捨テル、池田屋惣兵衛召捕ル、生捕リタル人、捕縛イタシ池田屋内ニテ斬リ捨テタル人七名、外エ逃ケタル人ハ外ニ固メ居リ斬リ捨テル、池田屋引揚ケ、生捕人召連レ、新撰組屯所エ引揚ケ、藤堂平輔、長倉新八疵所一針宛縫イ、新撰組一同エ天朝ニ於テ賞金賜ル、幕府并ニ会津公ヨリ刀料頂戴イタス、

【註解】

「長州藩弐拾名斗リ(バカ)」—池田屋に集まっていた浪士たちの人数については諸説あって、負傷しながらも池田屋を脱出した土佐藩の野老山吾吉郎(ところやまあきちろう)は、「長藩松村某を初めとし、長藩、

水府人ならびに町人体二人、都合十一人」（『子六月京師書翰』）で自分たちをふくめ十四人としている。また獄死した池田屋惣兵衛の息子が京都府に提出した「贈位内申書」に、長州の吉田稔麿が酒席の準備をしていると、「程なく来訪する人十三、四名に至る」という部分がある。しかし一九〇四年の『池田屋事変殉難烈士伝』は事件の死亡者を二十名とし、近藤が事件の三日後に養父にしたためた手紙に「打ち取り七人、手傷四人、召捕り二十三人」とあることなどから、三十余名とする説も存在する。

「百名引連レ」―通説では池田屋に出動した新撰組は総勢三十四人であるから百名は事件後に到着した会津・桑名兵もふくめた人数か。

「四名斬リ捨テル」―新撰組で砲術師範をつとめた阿部十郎は、同僚の内で誰が一番腕が立ったかを証言している。それによれば、阿部は「沖田総司これがまあ勇の一弟子（いちの）で、なかなかよくつかいました。その次は斎藤一と申します。それからこれは派が違いますけれども、永倉新八という者がおりました。この者は沖田よりはちと稽古が進んでおりました」（『史談会速記録』）と述べ、永倉の剣技をもっとも高く評価している。永倉は剣先を水平より少し下げた下段の構えから斬り込み、相手の刃を上へこすり上げながらサッと斬り落とす技を得意としていた。

「屋内ニテ斬リ捨テタル人七名」―いわゆる殉難七士は以下の通り。宮部鼎蔵（熊本藩士）、吉田稔麿（長州藩士）、北添佶磨（土佐脱藩）、大高又次郎（播磨林田藩士）、石川潤次郎（土佐勤王党員）、松田重助（熊本藩士）、杉山松助（長州藩士）。

【現代語訳】

池田屋惣兵衛というものが京の三条小橋で旅籠（はたご）を営んでいた。長州藩士ら二十名ばかりが泊まっており、彼らを召し捕るため新撰組隊長近藤勇、副長助勤永倉新八、同沖田総司、同藤堂平助は池田屋内に入り、表は副長土方歳三、副長助勤原田左之助、同井上源三郎が部下同志百名（会津・桑名兵もふくめた数か）を引き連れ、厳重に固めた。

取次に出てきた惣兵衛に近藤が「今宵、御用改めである。案内せよ」と迫ると、惣兵衛は驚いて奥に走り込んだので、跡をつけていくと惣兵衛は裏階段をかけ上り、藩士らに「御用改め！」と知らせた。それを聞いた藩士ら二十名ばかりが立ちあがって抜刀した。近藤勇が「御用改めである。手向かうものは容赦なく切り捨てる」といい放つやたちまち斬り合いになった。このとき藤堂平助は眉間を負傷し出血多く外へ出ざるをえなくなった。永倉も手の平を斬られ出血がひどかったが、我慢してその場にて働き四名を斬り捨てた。刀が折れたので敵の刀を分捕り戦ったが、その刀の鞘は金石目（きんせきもく）の塗りであった。沖田総司はにわかに持病の発作が起き、よんどころなく外へ出た。これで池田屋内は近藤と永倉の二人だけになってしまった。
ほどなく井上源三郎が十名を率いて屋内に入り、八名を生け捕り、さらに井上は二階にあがり一人を斬り捨てた。池田屋惣兵衛を召し捕り、生け捕りにした藩士たちに縄を掛けた。屋内で斬り捨てたのは七名、屋外へ逃げたものは周りを固めていた隊士が仕留めた。生け捕ったものたちを召し連れて新撰組は屯所に引き揚げ、藤堂と永倉は傷を針で縫って治療した。新撰組一同は賞金を賜り、幕府並びに会津公より刀料を賜ったのである。

元治元年七月

一長州藩福原越後、国司信濃、益田衛門之亮、宍戸美濃、右四名禁闕ニ迫リ妨登イタス、此時キ新撰組隊長近藤勇、副長土方歳三、副長助勤沖田総司、長倉新八、原田佐之助、〔付箋で訂正〕「藤堂」平助、井上源三郎、部下同士百名引連レ公家御門前ヲ固メ、公家日野殿邸内ニ長州藩弐拾斗リ屯イタス様報知有之、速ニ長倉新八、井上源三郎、部下同士弐拾名引連レ日野殿邸エ出張イタス、長州藩人屯所エ長倉新八先キニ立チ進ミ、長州藩驚キ狼狽イタシ逃出シ、追イ討イタイタシ、此時キ長倉新八人差指ニ手負イタス、仕合手薄、疵ニカマス追イ討イタス、日野殿御門外マテ追イ討チイタス、長倉新八引揚ケノ令ヲ掛ケ公家御門前マテ引揚ケ、一同無事、長倉新八疵ハ結イ出勤イタシ居リ、

【註解】

「福原越後」「国司信濃」「益田衛門之亮（正しくは右衛門介）」―八月十八日の政変で長州藩一派が京から追放されると、久坂玄瑞や来島又兵衛らと謀り、一八六四年に禁門の変をひき起こすも失敗、国許に逃れたが、第一次征長軍参謀西郷隆盛の三家老切腹要求により自害させられた。

「宍戸美濃」―美濃は禁門の変には参陣しておらず、撤兵の説得に派遣された宍戸九郎兵衛の誤りか。

「追イ討イタイタシ」―追討チ致シ。

「疵ニカマス」―疵ニ構ワズ。

【現代語訳】

福原越後、国司信濃、益田右衛門介の三家老に率いられた長州藩の軍勢が御所への参内を妨害するという挙に出たため、新撰組隊長近藤勇、副長土方歳三、副長助勤沖田総司、永倉新八、原田左之助、藤堂平助、井上源三郎は部下同志百名をひき連れ公家御門（宜秋

門のこと）前を固めた。

公家日野邸に長州藩士二十名ばかりが屯（たむろ）しているとの通報があったので、ただちに永倉、井上は部下二十名とともに出動した。長州藩士が占拠した屯所に永倉が先頭に立ち突き進むと藩士たちは驚き狼狽して逃げ出したので、追い討ちをかけたところ人差し指を斬られてしまった。幸い浅手だったので、傷に構わず追いかけ門外に追い払ったので、引き揚げを命令し宜秋門に戻った。

部下たちは無事、永倉は傷口を手拭いで結いそのまま任務についた。

文久三年六月

一大坂北新地貸座敷アル所、大坂相撲七、八拾人統ヲ結ヒ、乱妨打チ掛リ、新撰組隊長芹沢鴨、副長山南敬助、副長助勤沖田総司、同長倉新八、同平山五郎、同野口健司、同斎藤一、〔挿入〕「伍長島田魁」、右八名ニテ斬リ捨テ、相撲五人即死、手負拾七、八名アリ、相撲逃ルニ狼狽イタシ、此時キ長倉新八腰ヲ斬レ、此疵ハ〔「斎藤一」とあるを付箋で訂正〕「島田魁」、脇差ヲ横ニ振リ、夫カ腰ニ当ル、芹沢鴨一同集レト令ヲ掛ケ、八名集リ、一先八軒家京屋マテ引揚ル、芹沢鴨、近藤勇ト相談イタシ、明日相撲興行妨ニ相成リテハ気毒ニ存シ、何者ヤラ六、七拾統ヲ結ヒ打テ掛リ、無余儀、切リ捨テル、即死六、七人、手負拾八、九人、今晩ニモ押シテ来レハ用捨斬リ捨ルト、町奉行小笠原豊後守エ届ケ出ス、小笠原豊後守驚キ、直ニ与力、同心、京屋宅ヲ警衛イタス、町奉行仲裁ニテ事済ニ相成リ、長倉新八疵療治イタス、新撰組ニ徳ニ相成ル、

【註解】

「八軒家」―八軒屋とも。現大阪市北区天満。

「京屋」―大阪における新撰組の定宿。

「小笠原豊後守」―正しくは有馬出雲守則篤。

【現代語訳】

大阪北新地の貸座敷にいた新撰組に対して、大阪の相撲取り七、八十名が集団で（それぞれ木刀を手に）打ちかかってきたので、新撰組隊長芹沢鴨、副長山南敬助、副長助勤沖田総司、同永倉新八、同平山五郎、同野口健司、同斉藤一、伍長島田魁の八名で斬り込み五名を即死させ、十七、八名に傷を負わせた。相撲取りは慌てて我先に逃げ出したが、このとき永倉は腰を斬られた。これは島田魁が脇差を横に払ったので、それが永倉の腰に当たったのである。

芹沢が「一同集まれ」と号令したのでわれわれは集合し、ひとまず八軒家の京屋に引き揚げた。そこで芹沢は近藤勇と相談したうえで、明日の相撲興行の妨げになっては気の毒であるから（喧嘩の相手は相撲取りとは書かずに）、「何者か知らないが六、七十名が一団となって打ちかかってきたので、余儀なく斬り捨てた。即死者は六、七名で負傷者は十八、九名である。もし今晩にも押しかけてくれば、容赦なく斬り捨てる」と大阪町奉行有馬出雲守に届け出たところ、奉行は驚きすぐに与力や同心で京屋を警固してくれた。

さらに、奉行が仲裁に入り無事に事件は解決、永倉は傷を治療することができた。裁定は新撰組に有利な内容であった。

明治元年一月

一東京大名小路役邸若年寄鳥居丹波守住居イタシタ跡、新撰組拝領イタス、当邸ニテ暫時休兵イタス、長倉新八、同士八、九名引連レ深川仮宅品川楼エ行キ三日モ呑続ケ、外ノ料理店エ□〔「酔」の書きかけか〕ニ行ト申シ、長倉新八、品川屋若者案内ニ引連レ、表口ヲ出テ、小格子ハアリ、長家モアリ、盛ナ町チ、橋ヲ渡リ掛ケルト、向ヨリ士三人来ル、長倉新八、酔テ居リ、士三人ニ行キ当リ、士三人、不埒ナ者斬リ捨ルト申シ、長倉新八、酔テ居ト用意イタシ、士三人、其侭ニシテ先エ行キ、若者申スニハ、旦那様士三人ハ先キエ行キ旦那様モカマス先キエ御出カ宜敷ト申シ、幸ニシテ弐、三間ヲ行キ、跡ヨリ士三人、秡刀ニテ追イ駈ケ来ル、若者、旦那様後ヲト申シ、長倉新八、振リ帰リナカラ刀ニテ請ケ、直ニ向肩ニ斬リ込ミ、即死、跡モ来レト申シ、士弐人、逃去リ、其時キ眼ノ下ニ手負イタシ、仕合薄手、若者ノ申スニハ、品川楼エ御帰リカ宜敷ト申シ、長倉新八、品川屋エ帰ル、若者帰ルト、長倉旦那様、表橋テ士三人ト喧嘩イタシ士一人斬リ捨テル、士両人ハ逃去ル、品川楼テハ大騒キ、翌日品川楼引揚ケ大名小路へ戻ル、疵ハ追々全快イタス、

手負七ヶ所右之通リ顕シ置ク、

道男、逸郎、利郎、康郎、成長ノ時披見イタス様、

明治四十四年十二月十一日　京都守護職松平肥後守御預リ

新撰組副長助勤長倉新八載之改メ

杉村義衛治備七拾三歳

【註解】

「鳥居丹波守」—正しくは秋月右京亮。

「深川仮宅」—仮宅とは江戸時代、吉原が火災にあったとき再開までの期間、吉原以外の

一般地区で仮営業を許されていた臨時の遊郭のこと。深川や今戸などが仮宅地に指定されていた。

「表口ヲ出テ」—第一部「新撰組永倉新八」には「隊士には内密でふいと品川楼の裏門をくぐり出た」とあるから表口ではなく裏口の書き間違いであろう。

【現代語訳】

（一八六八年正月、江戸に入った新撰組は）大名小路の秋月右京亮の元役宅を宿舎にしてしばらく休兵することになった。

永倉は同志八、九名をひき連れ深川仮宅の品川楼に行き三日も呑みつづけた。さらに外の料理屋に呑みに行くと言って、店の若者に案内をたのみ裏口を出て、遊女屋や長屋が並ぶ盛り場の橋を渡りかけると、向こうから侍三人がきた。永倉は酔っていたので、橋の上で三人づれにぶつかってしまった。侍は「不埒な奴、斬り捨てるぞ」と言ったが、永倉は酔っているので大人しくしていると、侍はそのまま歩き出した。若者が「ダンナ様もこのまま構わず先に行かれたほうがよろしいでしょう」と言うのでホッとして、四、五メートル歩きかけると三人が抜刀して追いかけてきた。

「ダンナッ、あぶない、うしろだ！」と若者が叫んだので、ふり返りざまに相手の刃を刀で受け、返す刀で向肩に斬り込み一人を即死させた。「お前たちも掛かってこい！」と言うと二人は逃げ去ったが、そのとき目の下を負傷してしまった。幸い浅手だったが、若者が「店にお帰りになったほうがよろしいでしょう」と言うので品川楼に戻った。すると（興奮のあまり）若者が「永倉様が表の橋で侍三人と喧嘩し、一人を斬り捨て、二人は逃げ去った」と口走ったので、品川楼は大騒ぎになった。翌日、品川楼を引き揚げ大名小路に戻った。傷は追々全治した。

手負い七か所右の通り著し置く、道男、逸郎、利郎、康郎、成長のとき見せるように、

明治四十四年十二月十一日　京都守護職松平肥後守御預り

新撰組副長助勤永倉新八載之（のりゆき）改め

杉村義衛治備（はるのぶ）七十三歳

＊原文（次頁以下に掲載）の翻刻及び〔　〕は原本を所蔵する北海道博物館の学芸主査・三浦泰之氏によるものです。

ハ七ケ所手負場所顕ス大和國天王山ニ長州藩士大將眞
木和泉ヲ攻メ登ル會津藩士大將神保内藏士官之百名
引連レ新撰組隊長近藤勇副長土方歳三副長助勤沖田
總司長倉新八原田佐之助藤堂平助井上源三郎部下百
五拾名引連レ攻メ登ル神保内藏士官百名引連レ近藤
勇副長助勤長倉新八井上源三郎同士貳拾名余引連レ
天王山攻メ登ル天王山下ハ會津藩士官貳百名新撰組
副長土方歳三副長助勤沖田總司原田佐之助藤堂平助
貳拾名余引連レ天王山下ニ八幡社山嵜村樋拝殿堂エ
固メル天王山攻ノ登ル戴下ホド先キニ眞木和泉顕レ
我ハ長門宰相臣眞木和泉討手ノ何レノ臣哉名乗テ功
戦イタサント申シ我ハ會津臣神保内藏新撰組近藤勇
ト申ニ眞木詩吟シ勝時上ケ部下鉄炮四五發打セ其時
長倉新八腰ヲ打タレ仕合落手疵ニカマス先エ進ミ眞
木和泉部下共ニ陣小屋ニ火ヲ付ケ火ノ中エ飛込ミ討
死イタス夫ヨリ天王社エ登リ分捕ノ品金三千両白米

三千俵討死イタス者ノ具足天王エ奉納イタス会津大
旗天王社エ揚ケ勝時ヲ一同上ル金三千両会津公上ケ
白米三千俵八八幡社山崎村正午宛トシテ差遣シ長倉
新八手負イタシ京都エ氏所エ引揚ル跡ハ一同大阪表
長倉藏卿焼拂ニ出張イタシ焼拂イ京都エ一同帰陣ス

一 下野國宇都宮城主戸田山城守落城壬生城エ遅キ依之
壬生城攻メル幕臣歩兵頭取米田敬次郎歩兵三百引連
草風隊士官五拾名回天隊士官五拾名靖兵隊隊長芳賀
宜道副長長倉新八士官取締矢田賢之助士官五拾名歩
兵取締林信太郎前野五郎歩兵百名引連レ壬生攻メル
壬生城ニテハ蛇門開キ大炮ヲ打ツ小銃ヲ撃ミタ打チ
五ニ炮戦此時米田敬次郎股ヲ打タレ長倉新八蔵ノ脇
二手負イタス仕合著手拭ニテ結ヒ指揮イタス雨降
出シ歩兵隊薬ニメリ鉄炮打ツコト叶ス無余儀宇都宮
城エ一同引揚ケル翌日宇都宮落城直ニ日光エ引キ揚
ケル日光ニハ兵粮ナク日光ニ止ルコト相成不申故ニ

日光引揚ケル時東照宮引出シ御警衛イタシ御警衛イ
タシ會津領分田島宿ヘ一同引揚ケ當宿ニテ休兵イタ
シ東照宮ハ新門辰五郎組御警衛イタシ會津城下ヘ行
キ米田敬治郎會津病院ヘ入院イタシ長倉新八當宿ニ
テ麻布療治イタシ又會津藩山川諸路ノ結城左馬之允ト
申シ幕臣大鳥圭助両名總督請其隊附ノ遊軍隊ト唱イ
隊長芳賀宜道副長長倉新八士官取締矢田賢之助林信
太郎歩兵取締前野五郎松本捨之郎　常八郎部下士
官四拾名歩兵八拾名靖風隊士官五
拾名會津藩士官百名大鳥圭助歩兵三百名結城左馬之
允米田敬治郎歩兵引請ケ總人員千貳百名ニテ慶應四
年閏四月十五日宇都宮領分高原宿ヘ出陣イタシ又當宿
本陣イタシ貳里先手モ高徳宿ニテ固メル日光街道茶
臼山ニ官軍士官貳拾名モ有リ當兵出張イタシ居ルヲ難
知イタシ遠シ遊軍隊副長長倉新八士官矢田賢之助士
官拾名歩兵取締前野五郎林信太郎歩兵拾名撰人五名

官給名字兵衛群五郎林信太郎兵衛給名猟人五名
長倉新八引連レ茶臼山出張イタス官軍乙黒し打イタし
路イタし退去ル長倉新八先方ニテ退討チ候ル此時
長倉新八人屋指テ手負イタし仕合居年手候テ紛イ
武之下退計イタし長倉新八引揚ノ途ヲ候テ高京宿エ
引揚ル長倉新八当宿ニテ療治イタし士官兵衛トハ一

同座事

一京都三条小橋池田屋惣兵衛旅籠営業長州藩士給名
リ陥リ居リ其ヲ召捕ルニ新撰組隊長近藤勇副長助勤
長倉新八同沖田総司同藤堂平助池田屋ノ内ニ這入リ表
ハ副長土方歳三副長助勤原田佐之助同井上源三郎部
下同士百名引連レ表ハ厳重ニ囲ミ又池田屋惣兵衛次第
出ル近藤勇中ヘ入ハ今日御用改メ案内イタス段申シ
惣兵衛驚キ奥エ踊込ミ其跡ヨリ附ケテ行ク処階上ヨリ長
州藩ノ輩御用改メ中ヘ入長州藩士給名手ヲ積ミ立チ上
リ近藤勇中ヘ入レハ御用改メ不礼イタスト用捨ナク
斬リ捨ルト申シ其ヨリ互ニ切戦ニ相成ル此時十数名

平輔眉間ニ手負イタシ出血多ク出ル無余儀表エ出ル
長倉新八手ノ平ヲ手負イタス出血多ク出ル我慢イタ
シ其場ニテ働キ居リ四名斬リ捨テル刀折レ敵ノ刀分
捕リ備ヘ居リ其刀ニ金石亦強ト研キ出シ之有沖田総
司儀ハ持病カ起リ無據表エ出ル内ハ近藤勇ト長倉新
八両人井上源三郎同士拾名引連レ池田屋エ這入リ拾
人ノ手ニテ長州人八名生捕ル井上源三郎弐階エ上リ
長州人一名斬リ捨テル池田屋惣兵衛召捕ニ生捕リタ
ル人捕縛イタシ池田屋内ニテ斬リ捨テタル人七名外
エ逃ケタル人ハ外ニ固メ居リ斬リ捨テル池田屋引揚
ケ生捕人召連レ新撰組屯所エ引揚ケ藤堂平輔長倉新
八疵所一針宛縫イ新撰組一同エ天朝、於テ賞金賜ル
葬儀ニ会津公ヨリ刀料頂戴イタス

一 長州藩福原越後国司信濃益田衛門之完宍戸美濃石四
名禁闕ニ迫リ炮發イタス此時ニ新撰組隊長近藤勇副
長土方歳三副長助勤沖田総司長倉新八原田佐之助藤堂

平助井上除之郎部下同七百名引連レ公家御門前ヲ固
メ有家日野殿御内之長尾藤助指井り死イタス拾数組
有之處ニ長倉新八井上除之郎部下同士武拾名引連レ
日野殿御ニ出張イタス長尾藤人死所ニ長倉新八先キ
ニ至テ庭之長尾藤警ヲ根損イタシ逃出之所ニ討イタ
イタシ此時ヲ長倉新八人差抜テ首イタシテ仕合ニ為
疵テ口マス匠イ計イタス日野殿御門外ニテ匠ク討チ
イタス長倉新八引揚ケノ合ヲ織ケ公家御門前ニテ引
揚ケ一同之事表長倉新八疵ハ継イ公勤イタシ之疵リ
一大坂北新地貸座敷ニ而所大坂相撲七八拾人続テ借し
乱妨イ千織り新撰組隊長芹沢鴨副長山南敬助副長助
勤仲同総司同長倉新八同平山五郎同野口健司同斎藤
一内長島田魁石八名ニテ斬り捨テ相撲五人即死手負拾七八名ア
リ相撲匠ハテ根損イタシ此所ヲ長倉新八脇ヲ斬し此
疵ハ島田魁脇差ヲ横テ振りまわ服ニ當ル芹沢鴨一同
帰レト合テ織ケ八和帰り一先ハ村家京屋ニテ引揚ル

芹沢鴨近藤勇ト相談イタシ明日相撲興行場ニ相成リ
テハ氣毒ニ存シ何者ヤラニテ捨縊ヲ供ヒ斗テ職リ毛
余儀切リ捨テル由死ニテ人手負捨ハ九人今晩ニモ相
ニテ兼レハ用捨斬リ捨ルト所奉行小笠原豊後守ニ届
ケ然ルニ小笠原豊後守驚キ直ニ与力同心京屋宅ヲ警衛
イタス所奉行仲裁ニテ事済ト相成リ長倉新八病臥依
イタス新撰組ト隠テ相成ル

一東京大名小路役御若年寄鳥居丹波守住居イタシ候跡
新撰組頼イタス當節ニテ静勝依奥イタス長倉新八
同士ハ九名引連レ深川佐賀品川橋エ行キ三日モ居續
ケ外ノ料理店エ面ニ行キ申シ長倉新八品川屋居着衆
加ヘ引匿シ裏口ヨリ出テ小橋子ハアリ長家モアリ盛ナ
所ヲ橋ヲ渡リ職ケルト向ヨリ士三人居ル長倉新八斬
テ居リ士三人ニ行キ當リ士三人召捕ナ者斬リ捨ルト
中ニ長倉新八斬テ居ト用意イタシ士三人某作ニニテ
先ヱ行キ若者サスニハ且御様士三人ハ足キ正行キ且

邪様モ刀コス先ヲ以テ所々ヲ疵ト申シ幸ニテ成之
間ヲ行ヲ離ニリ士三人ヲ相刀ニテ逼イ難ク成ル君者巳
卯様後ヨト申シ長倉新八振リ帰リカヲ刀ニテ請ケ
直ニ肩ヘ斬リ込ミ取ル疵モ未シト申シ士弐人迎ヘ
リ真胴ヘ腋ノ下ヘ手負イタシ仕合居手君者ノ中ヨリ
八番川様ヘ所掃リ刀ヲ取ト申シ其余新八番川屋ヘ掃
ル君者掃ルト其余ヘ邪様裏籠ヲ士三人ト喧嘩イタシ
士一人斬リ捨テル士両人ハ連テル番川様テハ大騒ギ
翌日番川様引様ケ大名小路ヘ廃ル底ハ逼ヒ全快イタ
ス

手負七ヶ所右之通リ顕シ置ク

道罰逸郎利郎康郎成長ノ時拝見イタス様

明治四十四年十二月十日

京都守護職松平肥後守御預リ

新撰組副長助勤長倉新八義之改メ

杉村義衛治備七拾三歳

資料　「浪士文久報国記事」（抄）

天王山の戦い（元治元年七月）

（七月二十一日の朝）会津、新選組、山崎天王山に取り掛かる。淀城へ参るまで夜も明けず、夫（そ）れ故に旗は巻き、おのおの絨（じゅう）（甲冑）之（これ）はからげ（肩にかけ）淀城まで押し寄せる。このとき、天王山において長州人議論、真木和泉申すには、もはや志はこれまで、我ここにおいて討ち死にの覚悟、落ちる者早く落ちをるべしと申す。そのなかに二十人ばかり真木和泉同論、跡は丹波、丹後へのこらず落ちる。

夫れより会津、新選組、山崎の渡場を先陣後陣と率い渡る。宝寺（たからでら）天王山へは会津士大将神保内蔵助その組下百人ほど、新選組においては局長近藤勇、副長助勤永倉新八、斎藤一組下四十人ほど、天王山下は副長土方歳三、副長助勤原田左之助、藤堂平助、井上源三郎、軍事方浅野薫、武田観柳斎、諸士調役山崎烝、島田魁、林信太郎、小荷駄方尾関弥四郎、川島勝司、総勢百五十人、会津兵四百人、此の兵にて下通りを固める。

おいおい宝寺より攻め始め、天王山に向かい天王山より六丁ほどはなれ、水天宮の神主にて真木和泉と申す者、金の烏帽子を頂き、錦の直垂を着し、組下二十人ばかり、各々鉄砲を持ち一丁ほどまで押し寄せ、敵より声をかけ、我は長門宰相の臣真木和泉、互に名乗られて戦いいたさん。我も徳川の旗本の者にて近藤勇と申す。夫れより敵は詩を吟じ勝鬨を揚げ、砲発いたし、陣小屋へ引き退いた。夫れより追い討ちする。陣小屋へ火をかけ、火の中へ飛込み、和泉を始め其の外(ほか)のこらず立腹(たちばら)を切る。実に敵ながら討死、感心なり。

天王山へ登り、会津御旗を持って勝鬨を挙げる。天王社に金三千両に米三千俵、甲冑へ名前を印し天王へ奉納、此の姓名不詳。夫れより山中へ参る。山崎村へ火をかけ、八幡社焼失いたしをる。此の時、会津にて長州の兵粮を大集し、殊に酷暑にて喉渇き対(つい)に水切れ、よんどころなくドブの水を一統呑む。

宇都宮戦争（明治元年四月）

三月九日朝七時頃に八王子宿発し、江戸表大久保主膳正屋敷へ参るところ、大久保屋敷にをいては立ち退く騒ぎにて、とてもをることできず、夫れに近藤勇居らず、近藤勇参りた先を聞く、浅草今戸銭座に近藤勇参り居る趣き、右のところへ尋ね参るところ、ここにもをらず、夫れより和泉橋通り医学所へ尋ねるところ、ここにも居らず、右に付き同志一統立腹、めいめい旨趣(ししゅ)を述べ、ついては新選組瓦解。

医学所へ矢田賢之助、松本喜三郎のこしおき、永倉新八、原田左之助、松本良順方へ参り、右の噺(はなし)をいたし松本公より金三百両拝借いたし、医学所へ帰り矢田、松本両人を連れ、吉原金瓶と申す貸座敷に参る。瓦解の同志、大愉快相催しをるところへ、永倉新八、原田左之助参り、脇の座敷を借り、同志一統を招き一統議論を承知いたし、論によっては御同意申す。

一同の論には、速やかに近藤勇会津表へ下ると申さば同志いたす、さもなくては同志いたさず。左様なれば一応近藤勇に面会いたし、速やかに会津表へ下るの論を述べ、近藤勇不承知なれば、これまで世話に相成った一礼を申し述べ、直ちに会津へ下るの支度いたす、右永倉新八、原田左之助申すと一同承知いたし、明朝近藤勇に面会いたし申すべく、夫れより大愉快相催し、翌日のこらず勘定いたし今戸大七へ参り、是より舩(ふね)を仕立て和泉橋へ着け、医学所へ参り近藤勇、土方歳三、同志一統に面会いたす。此の時近藤勇怒りを含まず和やかに挨拶すると宜(よろ)しきところ、近藤勇怒りを含み、我が家来に相成るなら同志いたすべく、左様なければぜひなく断り申すと一同へ申し聞ける。

一同立腹、左様なればこれまで永々御世話に預かり、有り難く存ずると申し、一同此の場を引き取り、また新選組瓦解と相成る。

永倉新八、原田左之助、近藤勇、土方歳三に相別れる。夫れより瓦解の兵を引き連れ、深川冬木町芳賀宜動方を尋ねる。同人同志いたし、直ちに歩兵頭取米田桂次郎の組下に相成り、和田倉御門内会津屋敷へ屯所いたし、斎藤一は手負い病人の世話いたし、（それらを連れ）会津表へ参る。

四月九日、勝安房守官軍と同意と相成る。依って四月十日、御退城に相成る。夫れより右三人は、局中取締伍長前野五郎、林信太郎、歩兵取締林庄吉、中山重蔵、士官六十人、歩兵四十人、惣勢（そうぜい）百人、靖共隊と号（とな）えをる。江戸表相脱し、行徳宿より水戸街道山崎宿にて原田左之助、余儀なき用事これあり行徳宿まで戻る。直ちに跡追いかけ参る筈のところ、官軍断ち切り参る、事叶わず、対に上野戦争の節、原田左之助討ち死に。

近藤勇、土方歳三、武州流山宿に夫々（それぞれ）隊長付き十人ほどにて歩兵三百人持ち、潜伏いたし居る。近藤勇の謀斗（計略）は甲州御城一旦御委任にあいなり、殊に御朱印迄拝領致しをり、実に残念、夫れ故に甲州御城を、も一度攻め取る料簡（りょうけん）是あり。流山にて兵を集めるところ、官軍流山へ押し寄せ、速やかに近藤勇の組下裏の山へ兵を配る。夫れを敵が配ると近藤勇見て、もはや叶わず、切腹いたさんと存じ、然るところ土方歳三差し留める。未だ切腹には早し、偽名をかたり歩兵頭取と偽り、歩兵諸方に散乱いたしをる当今の御場合、実に恐れ入る。右に付き歩兵呼び戻す心得にて、当所（流山）へ出張いたすと申しければ、きっと申し訳け相立つ。依って切腹見合わせる。

官軍馬よりまかり入る。近藤勇、馬の口を取りて玄関前に引き寄せ、官軍馬よりをり座敷へ通る。近藤勇に向かい委細尋ねる。近藤勇逐一御答え申す。官軍申すには越ケ谷宿に総督府御出張に相成り居るに依って、是まで参るべし。近藤勇馬乗にて、付き添い相馬肇、野村利三郎、越ケ谷宿へ参る。土方歳三直ちに兵を引き連れ会津表へ脱す。近藤勇申し訳け相立ち許されるところ、伊東甲子太郎残徒に見あかされ、近藤勇偽名の次第も露顕いたし、亦々(またまた)引き留めに相成る。夫れより（四月四日）板橋宿へひかれ、降服謝罪致すべくよう、天朝より三度まで御説得之ある。手前勤王の兵にあらずにて謝罪致すことなしと申し募り、依って余儀なく、明治辰年四月二十五日誅戮(ちゅうりく)いたされ、夫れよりアルコールにて首を結め、西京（京都）三条河原曝(さら)す。

四月十七日、小山宿にて永倉新八、芳賀宜動戦争に及ぶ、ここで敵は大(おおいに)敗軍。夫れより鳥居丹波守御城下を通り、合戦場宿と（して）鹿沼宿へ宿陣、夫れより宇都宮城を攻め落とす。夫れより壬生城を攻める。対に宇都宮落城（敵が奪還）、直ちに日光へ引き揚げる。日光より会津田島宿へ引き揚げ、当所にて兵を休ます。

夫れより会津藩山川大蔵改め結城佐馬助総督に任ずる。大鳥圭介と同役。総勢千八百人ほど率す。戸田土佐守領分高原宿へ出兵、此の時遊軍隊頭芳賀宜動、副長永倉新八、伍長前野五郎、林信太郎、歩兵取締中山重蔵、林庄吉、小荷駄渡瀬甚太郎、総勢八十人。

終に芳賀宜動同志の人望に背き遊軍隊頭退役、跡は永倉新八に仰せつけられ、今市の官軍と数度、大苦戦。永倉新八、会津城下へ手負い全快の者迎えに参る。総督願い済みの上、芳賀宜動も同道いたす。跡は林信太郎、前野五郎へ任する。八月十八日高原宿発し、同二十二日若松城下へ着。

翌二十三日、会津大節（危機）迫り、我が遊軍隊を引きいて来て、会津の応援いたさんと存じ、直ちに田島宿へ戻る。諸方相破れ、我が隊は散乱致す。芳賀宜動と相談致し居るところへ、幸いに米沢藩小島竜三郎と申す仁に面会、同人申すには我が藩の兵を率い会津の応援いたすべく。尤も御同意、夫れより米沢へ越す。米沢、官軍と和会を結び、依って兵差し出す。余儀なく米沢へ永倉新八、芳賀宜動潜伏いたす。会津降伏後、斎藤一会津城下へ潜伏いたす。

池田屋事件（元治元年六月）

近江国出生近江屋俊五郎と号へ、四条小橋に馬具渡世致しをる、右人召し捕り新選組へ召し連れ段々吟味致すところ、自分の本性を語る。古高俊太郎と申し、おいおい問答に及び候ところ、なかなか白状いたさず、夫れ故に拷問にかけ対にのこらず白状に及ぶ。

全き私宅に居る十人、是はのこらず長州人なり。土蔵に入置く品は御所焼き討ち道具、八月二十二日風並み能ければ焼き討ち致すの料簡、天朝を奪い山口城へ落とすの謀反、夫々数多長州人姿替え、四条辺りの町屋へ入り込み、隠れ居る。其の外三条通り旅宿屋に水口藩、大渕藩と表札をかけ居る、おおよそ三百人ほど京師に潜伏致し居る、逐一白状に及ぶ。

夫れより速やかに会津公へ注進いたす。会津公驚き、夫々警衛の諸侯へ口々を相固めるよう相達す。会津公においては人数択りだす支度、土方歳三申すには古高俊太郎召捕られた故、是を聞いておいおい散乱（逃亡）致すも斗り難く、依って新選組、祇園の会所（現祇園石段下交番）へ出張致す。

最早午後七時頃、当所茶屋中を調べるといえども一人もをらず、皆逃去り、夫れより川端、三条小橋北側にて池田屋と申す旅籠屋あり、右の内に長州人居る趣、表廻りは厳重に固め、夫れよりまかり入る人は近藤勇、沖田総司、永倉新八、藤堂平助、表口よりまかり入る。鉄砲、鑓(やり)、沢山是あり、縄にて搦(から)む。

玄関らしき所へ参り亭主を呼び出し、今宵旅宿御改めと申すと、亭主驚き奥の二階へ去り、跡を直ぐにつけ参る。長州人二十人ほどのこらず抜刀、御用御改め、手向かいいたすにをいては容赦なく斬り捨てると申し、其の大音に恐怖いたし、後へさがる。

一人斬ってかける者是あり、沖田総司是を斬る。夫れより下へと逃ぐる者之あり、近藤勇下へと指揮する。下には八間の灯り（大型の吊り行灯）之あり、夫れ故に大いに助かり、沖田総司病気にて会所へ引き取る。

是より三人、奥の間は近藤勇防ぎ居る。台所より表口は永倉新八防ぎ居る。庭先は藤堂平助、表口へ一人逃げ出す者之あり。

夫れと見るより跡を追いかけ、表口より谷万太郎鑓にて突く。とたんに永倉新八、（その男の）肩を斬る。元の所へ永倉新八参る。また一人表口へ逃ぐる者永倉追いかけ、是は袈裟がけに一刀でをさまる。夫れより庭先へ参る。雪隠へ逃げ込む人あり、夫れと見るより（戸板の外から）串刺しに致しくれ、刀を抜きかけんとすると、刀に突かれをる故（戸板と共に）たをれる。直ちに胴を斬る。藤堂平助、垣根際より長州人に斬られ、夫れより戦い目に血がはいり難渋のよし。夫々刀切れ（刃こぼれ）出す。永倉新八夫れと見るより助太刀、いきなり腰の所へ斬り込むと、そうはいかんと受け止め、夫れより永倉新八に斬り懸ける。

藤堂平助深手負い、会所へ引き取る。永倉必死の戦い、近藤勇（を）見て居るところ、両三度も危うきこと之あり、近藤勇（の）助太刀に参る可(べ)きと存じをれども、奥の間敵大勢、夫れを防ぎ居る故、助太刀にも参られず、永倉漸々(ようよう)のことで肩先に斬り込み、対にたをれ仕留める。長州人四人、刀を差し出し謝罪いたす。直ちに縄を懸ける。永倉、手の平を少し切れ、刀刃切れ出す。夫れ故に長州人の刀分捕りいたす。夫れより表口の新選組大勢（井上源三郎ら十名）押し入る。家を捜る（に）二階の天井が破れ長州人一人落ちる。武田観柳斎是を斬る。表へ逃げた者、のこらず新撰組の手に掛かる。島田魁は鑓、長州人は刀、鑓の太刀打ち（刃先）より五寸ほど手前より切り落とされ、（島田は）直ちに刀に（持ち替え）て仕留める。

三条小橋の間にて勝負いたす。池田屋亭主小手（長州人の手首を）ゆるし（緩め）置き、対に長州人の縄を解き、長州人逃げ去る。原田左之助跡を追いかけ、対に鑓にて仕留める。此の時松平越中守（桑名藩主・定敬）家来両人、長州人に斬られ即死致す。松平肥後守家来一人、長州人を水口藩と心得、縄にかけず連れ参る。途中にて長州人が袈裟がけに会津藩（の家来）を斬り、其のまま逃げ去る。跡を追いかけ、長州（の邸）門前にて仕留める。長州人四、五名召し捕り、夫れより池田屋亭主も召し捕る。のこらず町奉行所へ差し出す。夫れより早速、松平肥後守天朝へ奏聞（そうもん）に及ぶ。御満悦思（おぼ）され御賞賜（ごしょうし）これあり。新選組一統へ金三百両賜る。幕府においても刀料ならびに金五百両一統へ頂戴す。松平肥後守様より一統へ二十五両宛下さる也。

禁門の変（元治元年七月）

長州藩福原越後、大膳（藩主）父子御詫びとして関東へまかり下ると、淀城主稲葉伊予守（正邦、伊予守は美濃守の誤り）殿に申し出る。此の時御老中御役を相勤め居り（正邦は江戸）、願いの儀は、関東へ申し達するとの御答え之あれば宜しきところ、権幕に恐怖致し、対に福原淀を通る。尤も武器類は淀川船にて廻す。稲葉公（の家来）より会津公へ御注進致す。会津公驚き速やかに会津兵、蒔田相模守組下、新選組取りあえず九条邸（九条河原の誤り）へ出張致す。口々の固め諸侯へ相達す。福原越後、伏見の長州邸内に居る。

夫れより釈迦天龍寺、山崎天王山へ福原越後、兵を廻す。

此の時事、木橋（銭取橋）に出兵の人員左の通り。

会津藩士大将神保内蔵助、軍事方林権助、惣勢五百人、見廻り（組）頭取蒔田相模守、病気惣勢三百人、新選組局長近藤勇、副長土方歳三、病気にて引き込み居り代山南敬助、病気につき引き込み居り代沖田総司、永倉新八、藤堂平助、斎藤一、井上源三郎、軍事掛り武田観柳斎、諸士調役山崎丞、島田魁、林信太郎、小荷駄方尾関弥四郎、川島勝司、惣勢二百人。

七月十四日、永井玄蕃頭殿、福原越後を伏見奉行所屋敷へ呼び応接、是まで度々引き取るよう申し聞かせ候ところ、今日に至り引き取り申さず、此の上は十八日を限り引き取り申すべし、若し引き取りいたさんに於いては速々兵を差し向け申すべし。福原越後、眼の色をかえ、なにとぞ二十四日まで日延べ願い上げ候と申す。永井公聞き入れず其のまま相別れ、新選組にては、十八日の明け方、伏見長州屋敷へ焼き討ちかける支度致し居るところへ、よる五時頃伏見の方にて大砲の音と、其のうち九条村（現京都市南区九条）にて軍太鼓をならし、夫れより固め場所へ出張す。

伏見固め場には、大垣藩より会津軍事方へ頼みに相成る。伏見手薄につき心許なしと申し来る。速やかに会津兵二百人、夫々新選組のこらず伏見へ向かい、此の時彦根公伏見関門御固め、福原越後右関門へ参り、永井玄蕃頭仰せに随（したが）い、釈迦天龍寺の兵引き取らせ申すべし、依って関門まかり通り、若し関門にて返答によっては討つ心得、其の権幕に彦根藩恐怖いたし、速やかに返す（逃げた）。福原越後の謀斗は関門を偽り、実は叡山へ登り、江州米をたち切り、兵糧攻めにいたすの了見。

大垣藩固め居る関門に福原越後向かうと見ると、（大垣藩より）大砲にて挨拶いたされ、夫れより大戦（おお）いと相成る。幸いに福原越後、大砲に当たり落馬いたし、夫れより福原の陣大いに崩れ散乱す。

此の時大垣藩に追討如何と問えば、追討かけること六つかしく、夫れにいまだ夜明けず、間道はこれあり、先ず弊藩にては見合わせ申すべし、夫れより新選組にて追い討ち、伏見稲荷のところより墨染まで追討す。残念ながら福原越後手負いいたし、大坂へ船にて下る。福原を手に入れ申さず、許の場所に戻る。

最早夜が明ける。御所の方に大砲の音烈しく、屋根上り見ると、御所のあたり黒煙り上り、夫れ御所へ、と近藤勇指揮いたすと、新選組ばかり七条通り押し登る。堺御門二丁ほどの手前へ陣取る。此の時、堺御門御固め松平越前守、長州兵（から）追い払われ、会津兵右御門内に固め居り候。堺町御門西側は鷹司殿邸内に、長州人五十人斗り潜伏致し居る。依って鷹司殿邸内へ火を上げる。堺町御門の所は長州兵間に挟み、会津と新選組にて討ち止める。

寺町御門固めをば細川越中守。鷹司殿邸内より逃げ出す兵、のこらず寺町御門の方へ逃げ出す。会津兵追い討ち、熊本兵と会津兵との中へ挟み長州兵のこらず討ち死に。長州方にては縄梯子まで持ち、土塀を乗り越し（御所の）九門内へ入る。藤堂和泉守固め場所を（長州兵が）追い払い、蛤御門の方へ出る。蛤御門は会津公御固め、大苦戦し対に長州兵九門外へ追い散らす。此の場にては双方に討ち死に多し。

中立売御門、黒田美濃守御固め、長州兵に追い払われ、長州のこらず中立売御門の内へ陣取り居る。乾御門は薩州御固め、薩州兵、中立売御門内外より攻める。此の時会津は薩州と合併いたし大攻め、長州大敗軍皆死し、薩州、会津の討ち死にも多し。

夫れより亦長州人、兵を集め今宵夜討ちをかける心得にて市中へ潜伏いたす。右注進立て之あり、依って中立売御門外に紅屋と申す大家之あり、右の家へ会津焼玉（焼夷弾の一種）をかける、夫れより市中大方焼き払う。

公家御門向い角、日野殿屋敷へ付き会津の見張り所之あり、然る処日野殿邸内に五十人ほど潜伏致し居り、不意に見張りへ斬り込み、漸々のことにて長州人討ち取る。会津討ち死に多し。

新選組、公家御門前に固める。松平肥後守此の大変を聞き、永々御病気実に寝返りも六かしいくらい、今日の大変は職掌に拘わる参内致すと申され、近習の者に剃刀をとりよせ、自分にて髭をそり官服を召し参内いたさんと馬に乗って花畑を出て、南門前より公家門の方へ曲がる。角にて馬が止まり、余儀なく南門より参内。

御玄関に一橋中納言殿、松平越中守出迎え両君の手にすがり漸々天子の御側へ近くより、此の時天子御立ち退き御支度あらせられ、肥後守驚き御膝許に寄り御袖にすがり、しばしおとどまり之ありたくと申し上ぐる。肥後其の方に任せるとの御上意、会津公にをいては職掌相立たず、依って君臣とも討ち死にの覚悟、家来一統へ申し渡す。

会津公、公家門より参内いたすと（していたならば）鷹司殿、日野殿邸内より長州討って出て、すでに肥後守危うきところ南門より参内いたされ実に幸運。

御所より釈迦天龍寺討っ手、松平修理大夫仰せつけられ、山崎天王山討っ手、松平肥後守ならびに新選組仰せつけられ、元治元子年七月二十日夫々出兵に相成る。釈迦天龍寺に二十日朝取り掛かる。長州大敗軍、山崎天王山へ落ちる。跡を薩州追い討ちす。此の時長州人討ち死に多し。

大坂力士と喧嘩（文久三年六月）

大坂御用につき、芹沢鴨、近藤勇、山南敬助、沖田総司、永倉新八、斎藤一、平山五郎、野口健司、井上源三郎、島田魁、右人下る。旅宿京屋忠兵衛。夕景におよび内にも居り兼ねるほどの暑さ、依って京屋にある小舟に乗って淀川へ涼みにでる。終に川瀬早く次第に鍋島の岸に参る。其のうちに斎藤一は腹痛、よんどころなく鍋島岸へ上陸、北ノ新地住吉楼へ参る心得。しかしながらおのおの脇差は帯(たい)しをれども、袴ばかり着し居る者もあり、稽古着一枚着て居る者もあり、皆々違う行姿(ゆきすがた)にて、涼にでたる人名、芹沢鴨、山南敬助、沖田総司、永倉新八、平山五郎、野口健司、斎藤一、島田魁。

道不案内にて、岸通りを参る。橋にて相撲（取）に出会い、不礼(ぶれい)これあり、斬り捨てるべきのところ打ち叩き其のまま許しぬ。夫れより蜆橋へ懸かる、亦一人相撲参る。橋の間（真）中を渡り参り、此の方（我々）も間中を渡り参る。終に行き違い相撲より直言（罵り）を申し、捨て置きがたく、斬り捨てるべきなれども、其の場へ打ち倒し北ノ新地へでる。

とりあえず茶屋へ参り、斎藤介抱致し居ると多勢の人声、此れ大坂相撲は攘夷の魁を致さんと、与力より樫の八角棒を渡し置き之あり、右の棒を持ち、茶屋の前へと押し寄せるなり。

此の時芹沢鴨表へでてみると、ここに居ると申し、不礼をいたすにおいては、容赦なく斬り捨てると申し、相撲兼ねて預かり居る樫の棒を持ち、無方（法）に打ち懸かる。夫れより一同抜刀、此の戦いは夜分のことゆえ、しかとは相わからず、しかしながら月夜ゆえ、殊に茶屋の門口に灯籠つきをり、夫れにて余ほど助けに相成る。大戦い、しかし（我々に）怪我人は之なく、たしかに斬り捨てたるは三人、手討ちは何ほどやら相わからず、其のままにいたしをき、京屋へ引き揚げる。

近藤勇に逐一語る。同人申すには、きっと今宵（再度）押し懸かり参るべし、直ぐさま町奉行へ御届け申し上ぐべき、京屋忠兵衛を呼び右の次第申し聞かせ、同人申すには京大坂の相撲集会、明日興行に相成るべきはず、夫れなれば相撲とは書きだしまじく、町奉行所へ届け書く。

今宵余り暑さ厳しき候故、淀川へ小舟にて涼み出て、終に水瀬早く鍋島岸へ流る。一人腹痛致す者之あり、鍋島岸へ上陸のところ道不案内故、北ノ新地へ出る。御茶屋を相頼み、斎藤一と申す者腹痛に付き介抱致し候。尤も途中にをいて相撲取り三、四人不礼を働き、斬り捨て申すべきところ、其のまま差し許し腹痛人介抱致し居ると、何者成りや五、六十人ほど徒党をむすび打ち懸かる。依ってよんどころなく斬り捨てる。今晩にも旅宿へ押し寄せ参る者候えば、一人ものこらず斬り捨て之ある段、御届け申し上ぐる。町奉行にては驚き、速やかに旅宿廻りへ警衛差し出す。

翌日、相撲方より（奉行所へ）届け之あり、全五十人ほど徒党をむすび、何の武家とも相知らず候えども、若者無方に打ち懸かる。先方に（は）一人打ち殺し候者之あり（之なしの誤りか）、夫れが手前にては故障（納得できない）、私の方にをいては即死三人、手負い十四人これある趣き、町奉行所へ届け出す。後に至り壬生浪士と申すこと相わかり、京大坂の相撲取り恐怖いたす。夫れより大坂を往来をするといえども、相撲取りは道端により挨拶いたす。是より小野、熊川年寄は懇意にいたす。

主な参考引用文献・資料

・七ヶ所手負場所顕ス　永倉新八（北海道博物館所蔵）
・小樽新聞　北海道新聞社
・新撰組顛末記　永倉新八（新人物往来社）
・新選組奮戦記　永倉新八・菊地明（ＰＨＰ研究所）
・浪士文久報国記事　永倉新八（新人物文庫）
・明治維新という過ち　原田伊織（毎日ワンズ）
・新選組証言録　山村竜也（ＰＨＰ研究所）
・勝ち組が消した開国の真実　鈴木荘一（かんき出版）
・戊辰物語　東京日日新聞社会部（岩波文庫）
・虎狼は空に　津本陽（文春文庫）
・新選組永倉新八外伝　杉村悦郎（新人物往来社）
・龍馬と新選組　菅宗次（講談社）
・新選組　松浦玲（岩波新書）

・新選組始末記　子母澤寛（中公文庫）
・幕末新選組　池波正太郎（文春文庫）
・読売新聞　読売新聞社
・戦友姿絵　中島登

本文ＤＴＰ・デザイン／株式会社テイク・ワン

激白新撰組　七たび斬られた男の実録

第一刷発行――二〇一七年一月一五日
第三刷発行――二〇一七年二月一一日

著者――永倉新八

編集人――祖山大
発行人――松藤竹二郎
発行所――株式会社　毎日ワンズ
〒一〇一－〇〇六一
東京都千代田区三崎町三－一〇－二一
電話　〇三－五二一一－〇〇八九
FAX　〇三－六六九一－六六八四
http://mainichiwanz.com

印刷製本――株式会社　シナノ

ISBN 978-4-901622-92-9

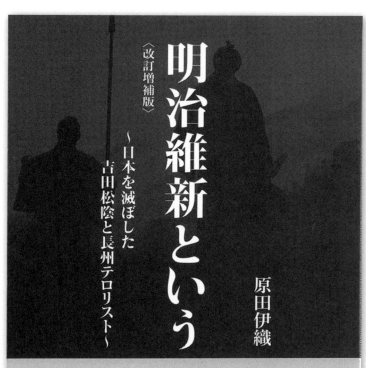

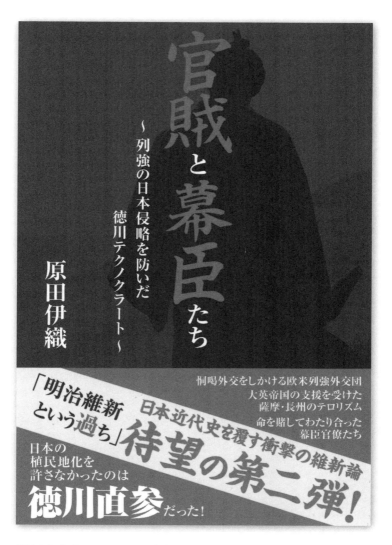